Angleterre
Ecosse
Pays de Galles

Éditeurs :
Marcel Renébon
Nicolas Imbert
Nicole Imbert

Directeur Édition :
Roger Bougault

Graphiste :
Michel Labarthe

collection « vivre dans le monde »

ANGLETERRE
ECOSSE - PAYS DE GALLES

Préface
Antoine Blondin

Texte
Gilles Klein

Photographies
J.C. Pratt et D. Pries

éditions sun/paris

La lecture du *Times*

par Antoine Blondin

La littérature qui peut contribuer à saper une civilisation est également capable de l'illustrer, de la défendre et, en quelque sorte, de la faire revivre, sinon survivre, en éveillant au plus chaud de notre mémoire les échos de ce qui peut être sauvé. Elle produit alors des œuvres de très ample haleine, qui rendent au lecteur des racines dont il se croyait coupé. Sous l'effet d'une subtile imprégnation, des diapasons intérieurs se mettent à vibrer. On éprouve le sentiment de se réinstaller chez soi, de se réhabiter. Tel est le résultat d'un livre aujourd'hui consacré à la Grande-Bretagne, si l'on veut l'aborder précédé par son regard et suivi par son âme.

Cocteau disait, à peu près, qu'il y avait un grave danger à ne pas ressembler à l'idée que les gens se font de vous. Comme son nom l'indique, le voyageur est un individu qui voyage. S'il ne se déplaçait pas, il n'offrirait guère plus d'intérêt, à nos yeux, qu'un assassin qui n'aurait tué personne...

Le voyageur est, pour tout dire, un être anormal dont les agissements semblent inspirés par une soif ardente de martyre et une prodigalité sans frein. Préférant à la tiédeur confortable de sa maison les courants d'air des salles d'attente, sa folie le pousse jusqu'à payer de plusieurs semaines de labeur le ridicule orgueil de posséder un minuscule rectangle de carton dont la seule valeur artistique réside dans la perfection du trou qui le perfore. Parfois, l'aberration du voyageur va plus loin encore. Non content d'avoir dilapidé une partie de sa fortune, le pauvre dément se rue sur les malles et les valises dans lesquelles il a entassé le restant de son patrimoine et, malgré une vague crainte de ne les revoir qu'en rêve ou en morceaux, il n'hésite pas un instant à les échanger contre un bulletin crasseux, recouvert de signes indéchiffrables. Il paraît que l'inscription « Pas perdus », qu'il aperçoit au fronton d'une porte, suffit à le rassurer.

Cette simple formule agite ma mémoire. Si je devais, un jour, publier sur le sport une plaquette un peu académique, sans pirouette ni désinvolture, je la consacrerais à Micheline Ostermeyer. En août 1948, aux Jeux de Londres qui, ne l'oublions pas, succédèrent à ceux de Berlin après douze ans d'abstinence olympique, elle conquit pour la France deux médailles d'or dans des disciplines aussi prestigieuses mais aussi disparates que le lancer du poids et celui du disque. Quelques semaines plus tôt, elle venait d'obtenir le premier prix du Conservatoire de piano... Ce dernier trait éveilla certains remous d'attention. Puis, avec la même discrétion qu'elle avait apportée à son entrée, l'athlète quitta le stade, l'artiste quitta la scène. Pierre Danos disait, parlant des joueurs de rugby : « Il y a ceux qui jouent du piano, et ceux qui les déménagent. » Micheline Ostermeyer semblait prédestinée à faire les deux à la fois. C'est aujourd'hui une mère de famille, qui habite Versailles, ville dont les volets clos retiennent l'écho des cavatines et des applaudissements.

Cette discipline assez exemplaire de notre championne contribua à aiguiller mes intentions du côté de l'Angleterre. Disons, tout d'abord, qu'en 1953 je manquai totalement le couronnement de la reine à une seconde près sur le trottoir, ce qui dut vraisemblablement vexer la grande souveraine. En revanche, dans les années qui suivirent, je m'attachais à me multiplier aux matches du Tournoi des Cinq Nations qui me trimballaient, dans le bonheur, de Londres à Edimbourg, en passant par Cardiff au Pays de Galles, sans oublier Dublin qui est devenue la capitale de la République irlandaise. Mais en vérité, la joie brumeuse et chaleureuse de l'Angleterre, c'est d'y avoir contracté quelques rares élans dans le danger.

La vieille Angleterre avait dégrafé un peu trop vite son corset. Comme on s'était ingénié naguère à copier ses excentricités guindées, son débraillé fit mal aux cœurs qui l'admiraient. Humiliée à travers la livre sterling, ajournée souvent à l'examen d'entrée dans le Marché commun, sevrée de revanches sur les pelouses de rugby, son génie ne s'exprimait guère, en ces années-là, que par le truchement de galopins aux cheveux longs ou de poètes blasphémateurs et il semblait improbable que l'invention de la minijupe puisse lui valoir le prix Nobel. Devant ce spectacle, les Anglais, qui respectent et cultivent le respect de la liberté individuelle avec autant de soin que le gazon domestique, se donnaient les gants de l'indifférence, oubliant simplement que le gazon, ils le tondent. Seule, une pègre sublime, retrouvant la veine épique des âges antérieurs, parvenait encore, au prix d'un hold-up quotidien et d'une évasion hebdomadaire, à consolider la suprématie de son chiffre d'affaires et à forcer l'estime du concert européen.

Londres, en particulier, malgré ses huit kilomètres, avait pris un sérieux coup de jeune et s'en remettait mal. Elle offrait l'image d'une ville gamine abandonnée par ses parents et livrée par une monstrueuse surprise-partie aux extravagances de baronnets en haillons. Les douairières s'exilaient pour des week-ends de huit jours, les lords gardaient la chambre ou s'enfouissaient la tête dans les bunkers des terrains de golf, les majors proclamaient qu'ils étaient prêts à rempiler dans l'armée des Indes, mais précisément qu'il n'y avait plus d'Indes pour leur revenir. Cette cité de Londres qu'on devinait dure, précise, se drapait sous les accessoires d'un cotillon court-vêtu, qui ébranlait les arêtes gothiques de l'abbaye de Westminster ou celles du Parlement et accentuait la réprobation au fronton des immeubles en forme de coffres-forts qui s'incurvent dans Regent Street.

Une civilisation tremblait donc sur ses bases. Cependant la bedaine altière de la cathédrale de Saint-Paul, dans sa ceinture de ruines, était toujours là pour attester la pérennité des institutions sous la vanité des catastrophes. On estimait toutefois que la mesure était comble, lorsqu'un beau matin, enchanté pour moi, le *Times* publia dans sa célèbre première page une lettre, dûment encadrée, qui émanait d'un de ses lecteurs :

« Messieurs,

« Le chemin que j'ai choisi pour aller de mon club à mon domicile, et vice versa, passe depuis 1925 devant la boutique de Jameson and Greenville dont la réputation, elle, contribue à l'orgueil de notre ville, depuis 1772. Je ne me permets de rapprocher ces deux dates que pour mettre en évidence ma fidélité au culte que je porte à l'un des temples traditionnels de nos plus hautes vertus marchandes. Je ne vais jamais sans me recueillir un instant devant ces victimes que le monde nous envie et où le monde demeure contenu tout entier sous la forme des produits les plus précieux de la nature et de l'industrie de l'homme. Malgré les péripéties inconfortables que traverse actuellement le Royaume, je dois avouer que j'en repartais jusqu'ici d'un pas plus confiant dans l'avenir d'une nation qui a su donner de telles preuves de raffinement et d'honnêteté.

« Veuillez bien ne pas imputer à un esprit troublé par le brandy la révélation que je vais vous faire maintenant. Je présume qu'un certain nombre de menus services rendus à l'Empire durant la dernière guerre mondiale et un attachement indéfectible à la Couronne m'autorisent à vous confier une impression personnelle, susceptible d'être reproduite dans vos colonnes, dussé-je commettre un attentat contre la discrétion en portant à votre connaissance le fait suivant : rentrant hier soir, à une heure assez avancée, il m'a semblé que l'harmonie séculaire des étalages était rompue par un éclair furtif, particulièrement dans celui consacré à l'alimentation. M'étant approché, j'ai cru pouvoir me permettre de constater avec regret qu'il était provoqué par le va-et-vient d'une souris.

« Bien que je sache par expérience que la souris n'attaque pas l'homme, j'estime qu'il est de mon devoir de déclarer ici que cette présence n'est pas forcément désirable.

« Sincèrement à vous, etc. »

Comme son épouse Jessie pénétrait dans le living-room, les bras chargés de marmelade et de flocons d'avoine, Jeremy Alistair-Blackwell interrompit la lecture du *Times* où il s'abîmait depuis de longs instants et ses joues s'empourprèrent davantage encore. Mon ami apparaissait vraiment sous l'aspect d'un personnage tricolore de style flamboyant : le teint rose, le cheveu blanc, le regard de faïence bleu. Il se contenta de dire :

– Inutile, ma chérie, une tasse de thé sera suffisante.

Jessie, qui avait du sang hindou dans les veines et généralement un simple verre dans le nez, pour ne pas se promener avec ses vrais diamants sertis dans les narines, à la manière des femmes de son pays, demeurait, passé la soixantaine, le plus beau souvenir rapporté par Jeremy Alistair-Blackwell du temps où il tenait garnison à Poona. Elle devait à ses origines une profonde familiarité avec toutes les pratiques de l'ésotérisme et continuait d'appartenir à l'une des innombrables sectes qui fourmillent à Londres, dont les adeptes croient fermement à la purification par les boissons fermentées et à la réincarnation dans la macération. « Je revivrai sous les espèces d'une mouche à la surface d'un verre », déclarait-elle souvent. Jeremy, qui ne croyait pas du tout à la métempsycose, ne tenait pas moins compte de cette profession de foi, car cette mouche éventuelle était une fine mouche. C'est sa sensibilité et son œil à facettes qui révélèrent immédiatement à Jessie, dans le petit jour frileux où baignait, ce matin-là, leur appartement de Kennington Road, que le visage tricolore de son mari, ses yeux bleus, sa moustache blanche, ses joues rouges, composaient dans le paysage comme un drapeau en berne.

– Dois-je comprendre, dit-elle, que vous avez perdu votre bel appétit ?

– Mieux encore, j'ai perdu la face.

Et il lui tendit le journal.

– Eh bien, fit Jessie en laissant filtrer un fin sourire extrême-oriental, puisque les souris n'attaquent pas l'homme.

– *By jove* ! s'exclama Jeremy, l'instruction que j'ai reçue m'a appris qu'elle attaquait le bacon.

– Qu'est-ce que ça peut faire, nous sommes végétariens.

– Nous, mais pas notre honorable clientèle... Jessie, ma chère, nous mangerons, nous aussi, du bacon, jusqu'à nouvel ordre, pour l'exemple.

Faut-il préciser que le colonel Alistair-Blackwell, à la retraite depuis les accords de Calcutta, commandait en chef le département de l'alimentation chez Jameson and Greenville où l'on s'applique à s'entourer d'un état-major représentatif.

– Mais enfin, reprit Jessie, qu'est-ce qu'une souris, de nos jours ?

– C'est une question de principes, répondit-il en coiffant son chapeau melon.

– Alors, va, et retrouve-moi ta jolie face perdue.

Parvenu sur la rive droite de la Tamise, à travers le brouillard, Alistair-Blackwell, contrairement à son habitude, ne s'engagea pas sur Lambeth Bridge, mais siffla un taxi. Après avoir chassé d'un ferme propos la fille publique qui s'y tenait embusquée, il s'installa sur la banquette arrière, profonde comme un divan, et, à l'abri des vitres légèrement teintées, ne chercha pas en revanche à chasser ces demoiselles privées qui venaient lui demander raison, sous les traits de sa responsabilité en déroute et de sa dignité menacée. Il parvint ainsi à traverser la moitié d'une ville qu'il avait déjà plus ou moins conscience d'avoir déshonorée et c'est dans de sombres dispositions d'esprit qu'il se fit arrêter à l'angle de Bond st. et de Piccadilly, où s'élève et s'étend l'apanage somptueux de Jameson and Greenville, *By Appointment of her Majesty the Queen.*

Bien que les magasins ne fussent pas encore ouverts, des groupes insolites de passants s'agglutinaient le long des vitrines où ils prenaient l'embryon d'une queue, comme au temps du « blitz » et des restrictions. Avant de franchir un seuil latéral réservé aux cadres supérieurs, Alistair-Blackwell, les oreilles dilatées sous le chapeau melon, pêcha dans les remous qui agitaient cet attroupement des lambeaux de phrases contradictoires où il était question de scandale intolérable et d'attraction publicitaire.

Jeremy ne retrouva une contenance qu'en prenant pied dans le vaste hall où, chaque jour, on s'employait à retirer les dernières housses avant la mise en vente. Là, tous les duvets de l'existence, tout ce qui la complique ou la simplifie, tout ce qui la prolonge en aventure ou en poème, se trouvaient assemblés sous une lumière d'apothéose. Le venant se trouvait à l'abonnement de la symphonie que suggèrent le négoce de luxe et l'Épicerie majuscule. Vingt sortes de thés et trois siècles d'épices, quarante variétés de rollmops dont douze au gingembre ; du saumon des Catskills, cent marmelades dans des pots de faïence et des fromages de Stilton dans leurs cartons à chapeaux ;

des barriques de xérès et tous les whiskys, depuis le Strathiska jusqu'au Teachers, des pyramides de lemon-puffs et de cakes à la mangue, soutenant d'autres pyramides de petits pois d'un vert phosphorescent ; sans compter le bacon... Jeremy, qui s'était spontanément dirigé vers son domaine, se recula devant les centaines de visages, hilares ou sévères, qui s'écrasaient de l'autre côté de la glace avec une insistance obscène. Il se replia vers le centre, où l'on percevait nettement le feulement de la panthère noire, vedette du rayon des animaux vivants, que les senteurs sauvages montant des cuirs et peaux rendaient folle. On entendait claqueter des culasses au rayon des armes de chasse et l'on évoquait soudain une jungle intime où les plus beaux aratoires du monde n'étaient en ces lieux que pour ouvrir des allées aux instruments de musique les plus extravagants et leur permettre de charmer des bêtes. Au milieu de tout cela, une souris...

Pour des Anglais, qui ne portent pas en habitude de glisser même une feuille de papier à cigarettes entre l'apparence et la réalité, un divorce entre les deux notions préludait aux aventures extrêmement choquantes de la spéculation intellectuelle, autant dire à la révolution.

Effectivement, des énergumènes, jaillis des bas-quartiers en brandissant des chaînes de bicyclette, ne tardèrent pas à se mêler au flot des enfants que les nurses avaient amenés devant le magasin au sortir de l'école. Vers l'heure du thé, un cordon de policemen contenait péniblement un meeting disparate de bookmakers, de pickpockets et de dandys. Pour l'empêcher, de très nobles vieillards, dont les pliants avaient pris racine sur le trottoir. L'Armée du Salut avait fait son apparition au début de l'après-midi et les hymnes des prédicateurs d'Hyde Park, venus en voisins, élevaient vers le ciel une rumeur d'enthousiasme, entremêlée d'imprécations.

Alistair-Blackwell, lui, rongeait son frein, en guettant le déclin d'un pâle soleil couchant. Quand l'heure fut sonnée, il revendiqua l'honneur de conduire lui-même l'hallali sur un sol qu'il connaissait particulièrement bien. Encadré par une équipe d'auxiliaires chargés d'émettre des bruits inquiétants avec leurs bouches, il s'avança alors, avec un grand taillis de concombres et de fenouils, car il avait été convenu qu'on traquerait la souris avec courtoisie. On la perdra, de vue.

On ne dispersa le public qu'avec l'obscurité. Jeremy, avant de se suicider, m'emmena dîner dans une charmante taverne. Une friture du fleuve, une côte de bœuf embellie par un sirop de cassis nous enchantèrent. Pour notre plaisir, on nous désigna le fauteuil où aimait à se régaler Conan Doyle, le père de Sherlock Holmes. Doyle était né à Édimbourg, capitale d'Écosse.

A la faveur d'un match de rugby Écosse-France, je me suis retrouvé dans cette grandiose ville où, par aimable victoire, de galants jeunes gens me cassaient la figure au pied de la statue de Shakespeare. Je voudrais leur dédier le plus beau mot historique que je connaisse et qui est d'un autre corsaire français, Robert Surcouf, mercenaire et champion sous la bannière royale.

Celui-ci, après avoir vaillamment lutté contre les flottes anglaises, finit par se faire capturer. Traduit en jugement, il s'entendit dire :

– Monsieur, vous qui vous battez pour de l'argent, savez-vous bien que vous avez affaire à des gens qui se battent pour l'honneur.

– Monsieur, dit Surcouf, chacun se bat pour ce qu'il n'a pas.

Mais je les aime beaucoup, quand même !

Antoine Blondin.

Un Français au pays des Anglais, des Gallois et des Ecossais

par Gilles Klein

DANS le cœur et dans la tête de chaque Européen, prisonnier de son continent, il y a une île. Un lieu chargé de rêve et d'exotisme généralement situé au milieu de mers lointaines et chaudes comme le Pacifique ou l'océan Indien. Pour certains cet éden aux coutumes étranges est à nos portes : la Grande-Bretagne.

L'idée peut faire sourire. Elle ne relève pourtant pas d'un abus de langage ou des élucubrations d'un intellectuel qui se croit original. La plus proche des îles lointaines est trahie par sa proximité même. Notre regard blasé par les images déversées quotidiennement par la télévision est devenu aveugle. Passant d'un point à l'autre du globe en quelques minutes, regardant les actualités défiler sur le petit écran, assis dans son fauteuil, l'homme moderne relie l'exotisme et le dépaysement à la distance. Ce qui est à sa porte ne saurait être différent, passionnant ou étonnant.

Les îles Hébrides, les Nouvelles-Hébrides... A l'énoncé de ces mots, le voyageur assoiffé d'horizon sent la semelle de ses chaussures qui le démange, les palmiers se mettent à danser devant ses prunelles. Enfin quelque chose d'inconnu, de lointain. En fait, un regard jeté sur un atlas permet de situer les Nouvelles-Hébrides entre la Nouvelle-Calédonie et les îles Fidji, mais rappelle à notre baroudeur, ou lui apprend, que les Hébrides, elles, sont à portée de main, là-haut au nord-ouest de la Grande-Bretagne.

Ce pays que nous croyons connaître nous est totalement inconnu. La fausse familiarité entretenue avec sa langue sur les bancs de l'école, un bref voyage baptisé « séjour linguistique » et quelques excursions à l'âge adulte : le sort en est jeté, le crime est consommé, l'intérêt émoussé. Il faudrait beaucoup d'érudition et de génie pour espérer soulever les tonnes d'idées reçues qui recouvrent cette île.

Le joyau disparaît sous une épaisse gangue douceâtre et fade. Pour les Britanniques, la Manche est l'*English Channel*, pour beaucoup d'Européens et en tout cas pour la majorité des Français, cette mer est plutôt un marécage de clichés dans lequel le voyageur s'embourbe avant même d'avoir touché le rivage qu'il prétend atteindre.

Les richesses et les mystères géographiques, humains ou historiques, disparaissent sans avoir existé dans notre imaginaire, derrière quelques coutumes faussement bizarres. Les particularismes régulièrement relevés avec une condescendance amusée par la presse écrite ou audiovisuelle sont vus comme les manies un peu agaçantes ou surannées que la jeunesse prête aux personnes âgées : le port du chapeau melon, la conduite à gauche, ou le système de mesure avec l'*inch* ou le *yard*.

Aller passer ses vacances en Angleterre pendant l'été ferait sourire. C'est un genre de passe-temps saugrenu que l'on admet pour quelques vieilles filles aussi obstinément célibataires qu'ennuyeuses. La réalité est tout autre. Parcourir ce pays avec un œil neuf peut provoquer une passion véritable. L'aimable promenade un peu insipide annoncée par la rumeur publique devient une errance où la peur de manquer de temps tenaille le ventre ; au fur et à mesure de la découverte l'urgence devient grandissante. La soif de tout voir, tout connaître, tout comprendre, enivre, tourne la tête. « L'anglomanie » vous saisit, elle ne vous lâchera plus.

Le « fan » souffrira désormais d'une éternelle et délicieuse inquiétude, d'un manque permanent après une accoutumance qui peut être très rapide. Pour assouvir sa soif il court les librairies et les bibliothèques dont les rayons lui semblent pauvrement fournis.

Que le lecteur ne s'attende pas ici à trouver la solution de ses maux. A l'opposé de cette démarche, le souhait bien improbable qui anime ces lignes aussi sottes que présomptueuses est d'aggraver le mal en espérant qu'il se transformera en une implacable épidémie : l'anglophilie.

Avant même d'avoir fait le premier pas, déjà une baudruche à dégonfler. Oui, l'Angleterre est une île. Mais elle ne l'a pas toujours été, nous apprennent les géologues. Le temps où elle était rattachée au continent n'est pas si lointain, elle fait partie du même socle continental que l'Europe. Les premiers êtres humains y arrivaient sans doute à pied sec. Si les mers descendaient de quelques dizaines de mètres nous pourrions en faire autant. En attendant cet événement improbable, il faut se résoudre à emprunter le bateau ou l'avion. Ceux qui ont le mal de mer ou ne supportent pas l'altitude n'ont qu'à prendre patience, le pont sur la Manche dont les gazettes et les hommes politiques parlent depuis plus d'un siècle finira par devenir une réalité. Quoi qu'il en soit, des Pays-Bas à la Bretagne, le touriste n'a que l'embarras du choix. De nombreuses lignes de *ferries* lui permettent de renouveler l'exploit de Guillaume le Conquérant qui débarqua le 20 septembre 1066, dernière invasion importante qu'ait connue ce pays.

De toute manière, quel que soit le moyen de transport employé, il est inévitable de se retrouver à Londres. Outre sa proximité, la Grande-Bretagne souffre du prestige écrasant de sa capitale. Cette célébrité n'est pas imméritée. Quels que soient son âge ou ses centres d'intérêt, il est difficile, sinon impossible, de s'ennuyer dans cette ville millénaire fondée par les Romains sous le nom de Londinium une quarantaine d'années avant Jésus-Christ. Mais l'importance réelle de Londres vient masquer le reste du pays aux yeux de la quasi-totalité des voyageurs, comme l'arbre géant cache la forêt. Cet Himalaya incontournable mérite à lui seul un ouvrage, et beaucoup lui ont déjà été consacrés.

En survolant rapidement son histoire, l'observateur pourra considérer que Londres a traversé les siècles sans problèmes particuliers, mis à part deux secousses qui l'ont sérieusement ébranlé et modifié. La première est double. L'épidémie de peste de juin 1665, tout d'abord, qui tua près de 100 000 personnes, soit un habitant sur six, n'est pas unique (les chroniqueurs en rappellent une autre importante en 1348) mais elle fut sans doute la plus grave. Un autre drame lui succède peu après : le grand incendie qui détruisit tout ou presque en septembre 1666. Ceux qui souhaitent en savoir plus se reporteront au passionnant journal de Samuel Pepys, témoin de ces deux drames, qu'il nous décrit d'une manière fort claire et imagée. Ce livre disponible en collection de poche est indispensable pour connaître le passé de la capitale.

Deuxième secousse, quasi contemporaine : la Seconde Guerre mondiale et ses bombardements aériens. Après l'incendie, l'architecte Christopher Wren fut chargé de la reconstruction par Charles II. La cathédrale St Paul que nous voyons aujourd'hui et 51 autres églises jaillirent de son cerveau enfiévré. Au lendemain de la guerre, puis dans les années soixante, des quartiers entiers furent rénovés comme celui de Barbican près de la vieille brasserie de bière Whitbread avant que ne surgissent les constructions de verre et d'acier dont la plus remarquable est la tour de la Poste, le plus haut building de Grande-Bretagne (175 mètres). Paris a sa tour Eiffel, Moscou sa Place Rouge et Rome son Colisée... A Londres, le premier pèlerinage concernera deux tours et un pont. Lieux hautement symboliques. *Clock Tower*, la « tour de l'Horloge », avec ses quatre faces, chacune ornée d'un cadran de sept mètres de diamètre. Le son de sa grosse cloche (*Big Ben*) sonne dans le monde entier, pour tous les Britanniques où qu'ils soient, puisqu'il est utilisé par la radio nationale, la BBC, comme indicatif. Placée à côté du Parlement, la tour de l'Horloge domine la Tamise du haut de ses 97 mètres. C'est cette même Tamise qu'enjambe le *Tower Bridge*, autre silhouette familière du paysage londonien. Ces deux emblèmes de Londres sont relativement récents : comme la tour Eiffel des Parisiens, ils sont aussi nés avec le siècle. Ce n'est pas le cas de la Tour *(London Tower)*, toute proche de *Tower Bridge*, qui fut, elle, terminée en 1097. Mis à part son grand âge, ce lieu ne paraît pas spécialement impressionnant, plutôt sinistre même si l'on sait qu'il servit de prison jusqu'au XIXe siècle. Malgré leur costume incroyablement chamarré, les Yeomen tout rouges avec leur chapeau noir n'avaient rien de gardiens d'opérette. Et les drames qui s'y déroulèrent furent bien réels depuis les enfants d'Edouard IV étouffés par leur oncle Richard, jusqu'à Jane Grey décapitée, à l'âge de 17 ans, sur l'ordre de Marie Tudor. La cruauté fut de mise ici, elle n'est plus à l'ordre du jour, puisque les corbeaux y sont protégés, grâce à une personne spécialement payée à cet effet par l'Etat britannique. La légende dit que le royaume s'effondrera si les corbeaux quittent les lieux. On comprend donc le soin qui les entoure. Ultime cliché : un coup d'œil sur le palais de Buckingham, où habite la reine. Sa garde est relevée chaque jour vers 11 heures 30 (sauf en cas de pluie...) au cours d'une cérémonie très photographiée.

Plus que les innombrables monuments à visiter, propres à toutes les capitales occidentales, c'est le paysage urbain qui frappe un œil continental. Les fameux bus à impériale, rouges comme les Yeomen, qui sillonnent la ville en rasant les branches basses des arbres sont un moyen de transport idéal pour la découvrir. L'amoureux de ces engins doit savoir qu'il est envisageable de les conduire. C'est un plaisir que peuvent s'offrir les Londoniens, une fois par an. Ce rouge si britannique s'oppose au ciel gris qui bien souvent déverse son célèbre crachin. On le retrouve sur les boîtes aux lettres, et naturellement sur les cabines téléphoniques en bois avec leurs petits carreaux. Leur aspect un peu dépassé est l'un des charmes de la rue londonienne. Mais comme le reste du pays, Londres évolue.

Derrière l'aspect immuable des mœurs et coutumes britanniques, il y a le monde moderne qui fait craquer cet uniforme un peu trop ajusté, et vieillir les idées reçues. Si les taxis sont toujours noirs et les autobus toujours à étage, Londres bouge, change plus vite en tout cas que les guides qui nous le décrivent. La cabine téléphonique en bois, poétique mais fragile, laisse la place à un modèle plus banal en plastique armé. Cette banalisation menace même le célèbre tournoi de tennis de Wimbledon dont l'une des caractéristiques est d'être le dernier du monde à se dérouler sur l'herbe. Il est de plus en plus question de lui substituer la terre battue ou un revêtement synthétique. Le gentleman avec son chapeau melon et son parapluie avait dû, dans les années soixante-dix, s'habituer au « Punk » avec ses tenues vestimentaires particulières, puis au crâne rasé des « Skinheads », après avoir digéré les Beatles, très sages, très britanniques et finalement décorés. Il doit désormais vivre dans une ville vraiment cosmopolite, dont le mode de vie s'adapte à la pression des très nombreux immigrés, venus de tout le

Commonwealth. Comme Paris, qui a vu se multiplier les épiceries tenues par des Algériens ou des Marocains, ouvertes toute l'année et tard le soir, Londres voit se développer un nouveau commerce de détail. Le pub ouvert de 11 à 15 heures et de 17 à 23 heures voit sa suprématie menacée par le wine bar (bar à vin) même si son caractère d'institution n'est pas remis en cause.

Certains quartiers vivent désormais au rythme de la Jamaïque, du Pakistan ou de l'Inde. Des chauffeurs de taxi arborent fièrement leur turban Sikh comme de nombreux conducteurs d'autobus. L'ordre victorien né avec l'avènement de la reine du même nom (Victoria) couronnée impératrice des Indes en 1876 est menacé. Il avait déjà été secoué en 1964 lorsque Mary Quant fit descendre dans la rue pour la première fois la mini-jupe.

L'adoption du système décimal en 1971 avait déjà ébranlé la confortable existence du Britannique rodé depuis toujours aux avantages du duodécimal... Deux ans plus tard c'était l'entrée dans la Communauté européenne, en janvier 1973, un rattachement à l'Europe confirmé par le référendum qui suivit en 1975. Après ces chocs politiques et économiques la Grande-Bretagne va accomplir d'ici la fin du siècle une mutation pour assimiler toutes ces cultures différentes sans perdre son âme. Ce phénomène est particulièrement sensible à Londres. Autre symbole de cette évolution : le placide *bobby*, le policier avec son casque bombé si particulier, perd progressivement l'habitude de travailler mains nues. D'ores et déjà, près de 15 % des policiers londoniens portent une arme. La criminalité n'a pas connu une hausse particulière, la violence classique n'a pas changé de forme. Mais l'influence des opérations menées depuis des années en Irlande contre l'IRA (Armée révolutionnaire irlandaise) qui a tenté à plusieurs reprises d'exporter son terrorisme vers la Grande-Bretagne ne pouvait pas rester sans effet sur le maintien de l'ordre.

Si les habitants évoluent, leur nombre s'est stabilisé autour des 8 millions dans le *Greater London*. Pas de problème de transport aigu pour cette métropole dont la croissance est maîtrisée. En plus des trois cents lignes d'autobus à impériale,

Londres dispose d'un métro qui fut le premier créé dans le monde en 1863. Comme les voitures, les rames de métro circulent à gauche.

Comment se situer dans cette agglomération de plus de 720 miles carrés ? Il est difficile d'en trouver le cœur. Chacun le situera selon ses goûts. Il bat un peu partout selon une géographie qui n'a rien de logique. Là-haut, par exemple, sur le « Monument », nom donné à la colonne de 62 m, au sommet de laquelle est placée une urne d'où jaillissent des flammes qui rappellent le grand incendie de 1666. Après en avoir gravi les trois cent douze marches, le passant essoufflé bénéficie d'une vue magnifique sur la ville et la tour toute proche. C'est là qu'il faut relire le livre de Pepys. En bas, à une centaine de mètres dans Pudding Lane, les flammes dévorent déjà le fournil du boulanger du roi. Il est une heure du matin le 2 septembre de cette terrible année... La sécheresse et le vent d'est vont permettre au feu de régner en maître pendant quatre jours. Plusieurs centaines de rues, une douzaine de milliers de maisons, près d'une centaine d'églises, partent en fumée comme la cathédrale St Paul. Cette cathédrale que Wren a reconstruite depuis, il faut aussitôt aller la voir, pénétrée du drame après lequel elle renaît pour la cinquième fois.

Comme le Monument, St Paul est facile à trouver, puisqu'elle possède également une station de métro qui porte son nom. Christopher y travailla près de cinquante ans selon un plan, en forme de croix latine, proche de celui de Saint-Pierre de Rome. A l'instar de certaines églises vénitiennes elle sert de cimetière à de nombreux personnages célèbres. Outre la tombe de l'architecte lui-même, on y trouve celle de l'amiral Nelson, des peintres Joshua Reynolds et Turner, ainsi que celle du duc de Wellington, ennemi juré de Napoléon. Le dôme et la nef sont particulièrement impressionnants par leurs proportions.

Le pouls de Londres, et celui du défunt Empire britannique, bat sans doute aussi dans les bâtiments de la Lloyd's, cette association de courtiers en assurance née dans un café à la fin du XVIIe siècle. Quoi de plus fascinant que le livre des sinistres, où l'on consigne depuis les débuts de cette vénérable maison tous les naufrages dès que la nouvelle en parvient. Dans ce bâtiment construit dans les années cinquante, que l'on pouvait encore récemment visiter sur rendez-vous, ce sombre livre côtoie la cloche de la frégate française *Lutine*. Ses tintements souvent annonciateurs de catastrophes rythment la vie des 4 000 agents de la Lloyd's qui assurent tout, depuis les jambes d'une star jusqu'au Boeing 747.

Malgré son succès touristique, le musée de cire de Madame Tussaud vaut-il vraiment, lui, le détour ? Ce musée Grévin britannique est tristement factice par rapport à la stupéfiante et réelle vitalité de la ville, pleine d'histoires au présent. Le Londres quotidien qui vit dans chaque « pub » est tellement plus passionnant. On le sent intemporel dès le premier pas sur la marche d'entrée usée et la sciure de bois du plancher du *Cheshire Cheese*, ce pub de Fleet Street, qui date du XVIIe siècle. Pas de terrasse pour ces cafés à l'anglaise, mais une chaude et chaleureuse ambiance derrière les épais rideaux de laine. Moins grave, mais tout aussi désagréable pour certains assoiffés, une cloche annonce la fermeture. Il faut poser son verre vidé, abandonner sa partie de « darts » ce jeu de fléchettes, beaucoup plus difficile qu'il n'y paraît. Inutile de décrire l'atmosphère particulière de chaque pub où toutes les générations se confondent, il faut la partager, la ressentir, chacun le sait même s'il n'a jamais mis les pieds en Angleterre.

S'il communie avec les autres habitants de sa ville, dans l'amour de la bière et des pubs, le Londonien communie aussi dans la passion de la musique. En souvenir de Haendel, musicien allemand, adopté par Londres où il vécut, il faut absolument être l'un des 8 000 spectateurs qui assistent à la mi-septembre au dernier concert de la série des *Proms*. Ces concerts dont le prix d'entrée est modeste commencent début juillet. Les « concerts-promenades » en abrégé les *Proms* se déroulent depuis la fin du XIXe siècle dans l'amphithéâtre elliptique à dôme qu'est le Royal Albert Hall. Construit en brique de 1867 à 1871 par Francis Fowke, cet étrange bâtiment rouge et blanc rappelle, en plus grand et plus majestueux, celui qui abrite le Cirque d'Hiver à Paris. Lors du dernier concert, la foule entonne quelquefois des chants traditionnels avec une vigueur poignante. Cette forme originale serait née grâce à un chef d'orchestre français de passage à Londres : il avait demandé que l'on retire les chaises de la salle où il dirigeait pour qu'il y ait plus de places. Le quartier résidentiel de South Kensington qui jouxte cette salle est sans doute l'un des plus agréables. Le *bed and breakfast* que l'on saura y dénicher sera plus londonien et moins cher que la plupart des hôtels de la ville fort peu amènes, ou tristement « internationaux ». Les musées sont nombreux. La *National Gallery*, entièrement consacrée à la peinture, dresse sa façade sévère sur Trafalgar Square. Elle n'a rien à envier au Louvre pour la richesse des collections, mais comme le célèbre musée parisien, elle les présente d'une manière fort terne faute de moyens. Les chefs-d'œuvre de Hogarth, Gainsborough et Reynolds voisinent pour l'instant avec ceux de Turner. Présents aussi à la *Tate Gallery*, ils devraient rejoindre un musée spécialement conçu pour ce grand peintre anglais. Mais le tableau peut-être le plus énigmatique et le plus obsédant vient du continent. Ce portrait en pied des époux Arnolfini peint par Jan Van Eyck, le Flamand, en 1434 est d'une richesse de détails fascinante. On ne se lassera pas d'admirer par ailleurs de nombreuses œuvres du Vénitien Giovanni Antonio Canaletto qui vécut à Londres pendant neuf ans, au XVIIIe siècle, comme le rappelle une plaque apposée sur une maison au 41, du Beak Street.

C'est décidément à la veille de l'hiver qu'il faut parcourir les artères de Londres. Après les *Proms* de la mi-septembre, regardons le cortège du lord-maire traversant la City, le quartier des affaires londonien, le samedi le plus proche du 9 novembre, chaque année. Dans son carrosse rouge ruisselant de dorures, construit en 1757, le lord-maire salue la foule de ses administrés. Des siècles de traditions sont symbolisés par les quatre tonnes imposantes du carrosse tiré par six chevaux.

La bibliothèque (*library*) du British Museum, endroit très particulier où la mémoire britannique rejoint la culture d'un peuple millénaire, est aussi étrange que le musée qu'elle côtoie est riche ; le nombre de ses livres dépasse celui des habitants de

Londres, c'est l'une des plus importantes du monde : 8 000 000 d'exemplaires. Et ses collections s'accroissent chaque jour d'un exemplaire (dépôt légal) de tout ce qui paraît dans le royaume. La salle de lecture, située au centre du bâtiment, peut recevoir plusieurs centaines de lecteurs à la fois. En attendant de passer sur microfilms, son catalogue comprend près de 2 000 volumes. L'entassement des connaissances humaines dans ce temple moderne de la culture est fascinant. (Le dôme vitré de la rotonde qui domine la salle s'élève à 32 m.)

Chaque année lors des soldes, Londoniens et touristes sacrifient à la mode du *shopping* dont les temples sont multiples. Le plus grand est le magasin Harrod's à la limite du quartier de South Kensington et de celui de Knightsbridge. La tradition veut que l'on puisse tout y trouver, et son rayon alimentaire vaut à lui seul le détour. Mais la bonne société londonienne préférera toujours le luxueux passage qu'est Burlington Arcade. Construit en 1819 avec ses 72 magasins, il débouche sur Piccadilly qui forme avec Regent Street l'équivalent des « Champs-Elysées » londoniens. Plus populaire, mais aussi intéressant, Tottenham Court Road abrite les boutiques spécialisées dans l'électronique et la haute fidélité : une occasion de se rappeler que l'Angleterre dispute aux États-Unis et au Japon le marché des mini-ordinateurs grâce à Clive Sinclair. Créateur d'un petit ordinateur totalement britannique, le « ZX 81 », vendu quelques centaines francs, il participa au développement de l'ordinateur domestique, aujourd'hui présent dans toutes les écoles britanniques grâce à l'aide du gouvernement. Le ZX 81 a déjà laissé place à un modèle plus perfectionné, le Sinclair Spectrum, lui aussi très peu onéreux, mais doté d'un affichage de données en couleurs. Les optimistes pensaient qu'un foyer sur deux disposerait d'un micro-ordinateur avant la fin des années quatre-vingt-dix. Même si elle a été touchée de plein fouet par la crise et le chômage, la Grande-Bretagne continue d'innover, on le voit, notamment sur des terrains où les Nippons paraissent imbattables. Cette référence au Japon d'un point de vue économique appelle un autre rapprochement, humain, celui-là.

→ page 37

1

2 | 3/4

1 Londres. Tower Bridge

2-3 Wesminster Palace : Statue de Richard Ier. Tour Victoria

4 Regent's Park : Maison victorienne

5 La Tour de Londres.

6 Tower Bridge

5 | 6

PLAY IT AGAIN AND AGAIN AND AGAIN AND
AGAIN AND AGAIN, SAM. SHARP VIDEO
Wedgwood at Oxford C
route 15
25
FOREST GATE

14|15

7 Hyde Park. Speaker's Corner. 8 Présentation du drapeau lors d'une parade. 9 Punks à Trafalgar Square
10 Huissier du Parlement. 11-12 Pearly King et Pearly Queen.
13 Horseguard entouré de touristes

14 Oxford Street. 15 Ce lion de Trafalgar Square est « bon enfant »

◄ 7|8|9
10|11|12|13

16-17 Piccadilly Circus : Entrée de métro. Magasin. 18 Big Ben et les tours du Parlement

UNDERGROUND
erg

Au Japon, l'empereur est demeuré le garant, le symbole de l'unité et de la permanence du pays, une personnalisation de sa fierté et de son honneur. La Grande-Bretagne connaît, toutes proportions gardées, un phénomène identique avec la reine qui représente un pouvoir tenu en réalité, comme au Japon, par le Premier ministre et le Parlement. Pour s'en convaincre, il suffit d'avoir la chance d'assister personnellement, ou par l'intermédiaire de la télévision, à l'ouverture de la session dans le palais du Parlement (construit dans le style gothique en 1834). Au milieu de onze kilomètres de couloirs interminables, de centaines d'escaliers, conduisant à mille salles, la plus décorée : celle de la chambre des Lords. A son extrémité, sous un dais, le trône royal qui accueille la reine chaque année signifie d'une manière évidente son pouvoir temporel, limité mais réel. A rapprocher d'un autre trône, plus rustique, mais tout aussi impressionnant, le fauteuil situé dans l'abbaye de Westminster où tous les souverains anglais ont été couronnés depuis le XIVe siècle, symbole éminent du pouvoir spirituel de la reine actuelle. N'ayant pas bénéficié, c'est le moins que l'on puisse dire, de la réussite économique du Japon, troublée par le monde moderne, privée de son empire colonial, la Grande-Bretagne doutait d'elle-même. Quelle que soit leur opinion sur la guerre des Malouines qui se termina le 14 juin 1982, beaucoup d'observateurs pensent que celle-ci a redonné à une partie du pays la fierté, même cocardière aux yeux des plus critiques, qui commençait à lui manquer. L'importance de l'image que le Britannique a de son pays rejoint ainsi l'intérêt obstiné qu'il porte aux traditions et au passé.

On comprend mieux alors les motivations de ces adultes fort sensés pendant leur semaine de vie professionnelle, qui se déguisent en soldats romains pendant le week-end. Le mot déguisement convient mal, face au soin apporté par chacun à l'exactitude historique de son équipement.

« Trooping the Color », la parade annuelle pour l'anniversaire officiel de la Reine

De l'explosion du mini-ordinateur à celle des marques indépendantes de disques, des groupes de musique moderne (rock ou autres) en passant par le bonnet à poil des gardes de la reine, jusqu'aux sports quasi britanniques que sont le polo ou le cricket, la multiplicité des images fortes, violentes, et contrastées pour ne pas dire contradictoires a de quoi étonner le simple visiteur des rues de Londres. Le reste du pays est tout aussi particulier et troublant, même s'il est moins connu à l'étranger, et moins parcouru que le labyrinthe londonien.

Un touriste digne de ce nom ne quittera pas Paris sans avoir jeté un coup d'œil sur le château de Versailles. Il en est de même pour Londres et le château de Windsor, qui est à moins d'une heure de train à l'ouest de la capitale. Quand elle n'est pas à Buckingham, la famille royale est souvent à Windsor. Il faut vérifier, avant de partir, que l'étendard royal n'a pas été hissé sur le château, interdisant sa visite. Ce serait dommage, car cette royale « résidence secondaire » est en elle-même un vertigineux raccourci de l'histoire du pays.

Située sur la rive droite de la Tamise, cette place fut d'abord fortifiée par Guillaume le Conquérant, il y a plus de neuf cents ans. Elle fut ensuite constamment modifiée et enrichie, pour devenir un ensemble architectural impressionnant qui a été l'objet des soins des successeurs de Guillaume, et parfaitement conservé. Un donjon circulaire domine ce rectangle d'une surface de cinq hectares entouré d'une enceinte fortifiée de 1 500 m de long. Aussitôt franchie la porte Henry VIII, on découvre le cœur du château : la chapelle Saint-Georges, fleuron du gothique anglais. A l'intérieur, sous la somptueuse voûte en éventail, pendent les étendards des chevaliers de l'ordre de la Jarretière, qui se réunissent ici chaque année. Chacun connaît la célèbre phrase d'Edouard III qui lui tient lieu de devise : « Honni soit qui mal y pense. » Elle fut prononcée par le roi lorsqu'il ramassa la jarretière perdue pendant un bal par la comtesse de Salisbury, sa favorite, en l'an 1438. Cet ordre de chevalerie, présidé par le souverain régnant, est toujours bien vivant. Quelques rares étrangers ont reçu la Jarretière, parmi eux le roi français Louis XVIII.

Plusieurs souverains ont rendu dans ces lieux impressionnants leur dernier souffle (Edouard VI, Henri VI, Henri VII, Charles Ier). On ne s'attend pas à trouver au milieu de ces illustres cendres un monument funéraire dédié au prince Louis-Napoléon. L'explication est simple. En 1870, après la défaite de Sedan, qui voit la victoire de la Prusse sur la France, l'empereur Napoléon III perd son trône. Avec son fils Louis-Napoléon, sa femme Eugénie de Montijo, il doit s'exiler en Angleterre. Trois ans plus tard, il s'éteint à Chislehurst dans le Kent. En 1879, son fils Louis trouve la mort, sous l'uniforme britannique, en Afrique du Sud, dans la guerre contre les Zoulous. Avant de finir ses jours dans son pays natal (elle mourra à Madrid, presque centenaire en 1920) l'impératrice fait construire à Farnborough, dans le Surrey, une petite église. Inaugurée en 1887, St Michel abrite les tombeaux de l'empereur et de son fils.

L'impératrice passa plusieurs années à Farnborough, petite ville dont la célébrité mondiale est plus due au salon international de l'Aviation qui s'y déroule tous les deux ans, qu'à ces souvenirs impériaux. Le cénotaphe de Windsor montre que l'Angleterre cruelle avec Napoléon 1er, fut accueillante pour son descendant Napoléon III, et reconnaissante envers son fils mort pour elle. Nous sommes loin de la « perfide Albion », idée facile.

L'ombre de nombreux autres personnages historiques plane sur Windsor. Parmi eux, un contemporain, le malheureux lord Mounbatten of Burma, né à Windsor. Dernier roi des Indes, un des vainqueurs du Japon dans la guerre du Pacifique, amiral de la flotte, il trouva une mort aussi tragique qu'inattendue à 79 ans, au cours d'une promenade en mer, pulvérisé par une bombe posée par les extrémistes irlandais de l'IRA.

Le grand poète dramatique Shakespeare choisit aussi Windsor pour y développer l'intrigue d'une de ses plus célèbres pièces de théâtre : *Les Joyeuses Commères de Windsor.*

Lors des réceptions que donne la famille royale pendant son séjour à Windsor, figurent parmi les invités de nombreuses personnes qui ont fait leurs études tout près, à moins d'un kilomètre, de l'autre côté de la Tamise. La petite agglomération d'Eton abrite, en effet, la plus snob des écoles britanniques, Eton College. Jeunes ducs et futurs responsables politiques se côtoient parmi le millier d'élèves de ce très onéreux établissement privé. Les futurs gentlemen doivent patienter jusqu'à l'âge de douze ans pour revêtir le pantalon rayé et la jaquette, uniforme d'Eton. Inscrits dès leur naissance, les garçons assisteront souvent à une messe dans la chapelle du XVe siècle. Les amateurs de peinture reconnaîtront ces bâtiments peints par le Vénitien Canaletto dans une œuvre exposée à la National Gallery.

A quarante kilomètres de là, un autre laboratoire où se forme aujourd'hui l'Angleterre de demain. Tout jeune Anglais bien né se doit d'y effectuer ses études universitaires : Oxford. Ne rêvons pas, il ne s'agit pas d'imaginer quelques bâtiments vieillots, et des gazons impeccables parcourus par des jeunes gens en toge qui portent un canotier le dimanche. Oxford est une grande ville de 170 000 habitants où l'industrie automobile arrivée dès 1912 avec William Morris (d'où la célèbre Morris Cooper, petite voiture connue dans le monde entier) voisine avec l'université, dont la dizaine de milliers d'élèves sont répartis dans plusieurs collèges. Le véritable intérêt d'Oxford réside plutôt dans l'Asmolean Museum au coin de St Giles et Beaumont Street, le plus ancien des musées britanniques (XVIIe siècle), dont les collections extrêmement riches mériteraient d'être plus souvent visitées. Une des salles est consacrée aux impressionnistes français.

La rivalité d'Oxford avec Cambridge située à moins de 100 km au nord de Londres est légendaire. Des incidents ayant opposé les habitants d'Oxford à des étudiants soutenus par certains professeurs, les mécontents émigrèrent à Cambridge. La régate à l'aviron qui oppose chaque année depuis 1829 les deux universités, un des événements sportifs les plus typiques de Grande-Bretagne, est donc fondée sur une opposition bien réelle vieille de plusieurs siècles. Malgré tout ce qui peut paraître un peu folklorique et compassé, Oxford est une remarquable machine à enseigner, et un endroit fort agréable. Comment ne pas se perdre au milieu de la trentaine de collèges qui la composent ? Chaque bâtiment a une histoire et possède un charme mystérieux. L'émouvant voisine avec l'inattendu, comme l'incroyable Bridge of Sigh (pont des Soupirs) construit en 1826 sur la rivière Cam à l'image de son homologue vénitien. Ou cette bibliothèque dessinée par Christopher Wren (l'architecte de la reconstruction de Londres) avec sa statue de lord Byron, poète dont l'excentricité et le non-conformisme, peu appréciés de ses compatriotes, le conduisirent à mourir en combattant pour l'indépendance de la Grèce. Pour s'y retrouver, le plus simple est d'entrer dans la gothique St Mary the Great, de payer quelques pence pour monter dans sa tour, et profiter de la vue panoramique. On apercevra, avec un peu de chance, les toits du Fitzwilliam Museum, équivalent « cambridgien » de l'Asmolean Museum d'Oxford, créé en 1816 par un vicomte. Trop de choses et d'œuvres pour le voyageur. Puisqu'il faut choisir, nous garderons un seul tableau : un remarquable autoportrait de Rembrandt tellement énigmatique. Un livre aussi, puisque nous l'avons feuilleté à Londres, le manuscrit original du « Journal » de Samuel Pepys dans la bibliothèque Pepsyana du Magdalene College, à l'autre bout de la ville.

La route s'arrête ici pour l'homme pressé, d'autres capitales l'attendent. Il a vu Londres en coup de vent, Windsor en une matinée, Oxford et Cambridge en un jour, le week-end prolongé est terminé. La suite qui ne l'intéresse pas relève du chemin de croix pénible pour le globe-trotter. Il s'en va... Mais qu'il sache, après tout, qu'il n'a rien vu. L'Angleterre est ailleurs, sa vérité n'est pas dans ces places fortes du tourisme évoquées plus haut, même si nous avons essayé avec lui d'en fréquenter les chemins de traverse. La réalité britannique est aussi et surtout derrière ces arbres, ces pelouses, ces haies, ces champs, ces vallées, ces collines disséminées sur la grande île entourée de centaines d'autres plus petites, si nombreuses qu'une vie ne suffirait à les visiter toutes. Elle est cachée dans chaque recoin de cette côte, où s'abrite des tempêtes de l'hiver ce peuple de marins qui a dominé les mers sans se laisser prendre par le mirage d'autres îles, au climat plus chaud, faussement paradisiaques. Des mers qu'a parcourues Teodor Jozef Konrad Nalecz Korzeniovski dit Joseph Conrad, né en Pologne. Après ses voyages, il a eu la sagesse de rentrer finir sa vie dans cette Grande-Bretagne qui avait su l'accueillir. Retournant dans sa tête cette citation extraite du Journal intime d'Henri Amiel qu'il plaça en tête de son premier livre *La Folie Almayer* : « Qui de nous n'a eu sa terre promise, son jour d'extase et sa fin en exil. » Définitivement exilé, l'auteur de *Typhon* et du *Nègre du Narcisse* devait mourir à Bishopsbourne, dans le Kent en 1924.

Exil, voyage. Pour le voyageur moderne, la Grande-Bretagne commence souvent à Ramsgate, cette ancienne station balnéaire, dont le port accueille depuis le début des années soixante-dix des millions de voyageurs, sans cesse vomis par les nombreux aéroglisseurs qui viennent de Calais jusque dans Pegwell Bay. Très peu d'entre eux penseront à faire un crochet par Sandwich, ancien port de mer, créé par les Romains, aujourd'hui ensablé. En 1170, Thomas Becket chemina dans ces petites rues, après son exil en France, avant de mourir assassiné la même année. Les remparts, aujourd'hui ruinés, ont aussi vu passer Richard Cœur de Lion, de retour de croisade, vingt-cinq ans plus tard. Les Romains firent ici leur première apparition, dit-on, près de Sandwich, à un kilomètre de là, à Richborough, une quarantaine d'années avant Jésus-Christ. Il aurait été plus logique qu'ils arrivent à Douvres, le point le plus proche de la côte européenne, remarquable par ses hautes falaises blanches. Un détail que n'ignorait pas Louis Blériot, qui survola le premier l'English Channel en 1909. Cette première lui permit de devancer un autre pilote, futur créateur de « la » voiture anglaise : Rolls. En 1910, Rolls réussissait un spectaculaire aller-retour entre Douvres et Calais. La proximité des côtes françaises est aujourd'hui un avantage économique, elle fut hier l'objet d'une inquiétude quasi permanente, de l'époque de Guillaume le Conquérant, qui la fortifia, jusqu'à la Seconde Guerre mondiale, en passant par les guerres napoléoniennes.

A une vingtaine de kilomètres, à l'intérieur, un monument illumine toute la région : la cathédrale de Canterbury. Un immense vaisseau de pierre qui mit près de cinq cents ans pour s'échouer dans ce port terrestre dont il est devenu le phare. Cette construction longue présente un étonnant mélange du roman et du gothique perpendiculaire. Thomas Becket, ami zélé mais trop puissant d'Henry II, y fut assassiné par quatre chevaliers en décembre 1170. Une plaque de pierre sur le sol du transept nord-ouest marque l'endroit où il tomba. Ce meurtre servit sa grandeur : il fut ensuite canonisé. Son corps reposa pendant plus de trois cents ans dans une châsse de la chapelle de la Trinité, au milieu de la cathédrale jusqu'à ce qu'Henri VIII la détruise. Une grande cathédrale, pour cette petite ville qui abrite le siège de l'archevêque, primat de l'Eglise anglicane, équivalent britannique (toutes proportions gardées) de Rome et de La Mecque.

La tragédie et le sérieux de la prière n'y ont pas toujours dominé si l'on en croit les récits picaresques des *Contes de Canterbury*. Ce chef-d'œuvre écrit en 1526 par Geoffroy Chaucer est la première grande œuvre littéraire anglaise. Elle donne la parole à une trentaine de pèlerins qui font route vers Canterbury.

En revenant de la côte, en direction de l'Atlantique, inutile de s'arrêter à Hastings pour voir l'immense broderie de 70 m de long qui raconte l'histoire britannique. Ce travail de la Royal School of Neddlework ne vaut pas la tapisserie de la Reine Mathilde exposée à Bayeux, il relève plutôt du *Guinness Book of Records*. Aux portes de la ville, il ne reste guère de traces de la bataille décisive qui opposa Guillaume le Conquérant au Saxon Harold, à part quelques ruines. Des falaises blanches comme celles de Douvres, mais sans le trafic incessant des cars ferries et des touristes, une belle plage comme celle de Brighton, mais moins surchargée : Eastbourne a beaucoup de cachet. Les nombreuses familles qui viennent y passer l'été donnent envie de relire les aventures policières d'Hercule Poirot, le héros d'Agatha Christie. Vieilles ladies très dignes, vieux messieurs respectables qui cheminent paisiblement, en bordure de mer, sur « Grand Parade » où ils visitent pour la centième fois un musée de sauvetage en mer, après avoir versé une obole au profit de la R.N.L.I. (Royal National Life Boat Institution). Proche d'Eastbourne reliée par bateau à Dieppe, Newhaven n'a pas grand-chose à nous dire, sinon que Louis-Philippe y échoua, chassé par la Révolution de 1848.

Si l'Angleterre du maillot de bain a une patrie, ne la cherchez plus, elle est à Brighton, depuis fort longtemps. Avant même l'invention de cet accessoire, elle connut la faveur des estivants dès le XIXe siècle. L'été, le taux d'occupation de sa plage n'a rien à envier à celui de la Côte d'Azur. Elle reçoit de nombreux congrès en tous genres, même ceux des partis politiques, comme on le sait depuis l'attentat qui faillit tuer Margaret Thatcher et une partie de son gouvernement. L'hôtel qui accueillait ces hôtes illustres, bien que réparé, est devenu un but de promenade devant lequel les familles chargées d'enfants frémissent rétrospectivement, en se remémorant l'explosion de la bombe qui coupa en deux plusieurs étages. Mais le West Pier est nettement plus intéressant. Cette jetée longue de 300 m de long, en bois et en fer forgé, est l'un des plus beaux représentants d'un type de constructions que l'on rencontre sur tout le littoral. Ils accueillent encore des salles de jeux ou de bal, qui voisinent avec des salons de thé très vieillots. Le West Pier date de 1866, son rival le palace Pier, construit en 1898, abrite aussi un théâtre et un dancing. La vogue de Brighton, le Deauville britannique, date de la fin du XVIIIe siècle. Dès 1784, George IV, qui n'était alors que prince de Galles, venait y passer l'été avec le « Tout-Londres ». Son ancienne résidence, reconstruite, étonne les visiteurs par un style architectural fantaisiste qui tient tout à la fois de la Chine et de l'Inde.

Moins touristique, Portsmouth est un port magnifique avec sa rade abritée. C'est une ville séduisante à l'ambiance particulière, pleine de rêves et de souvenirs, mais aussi d'avenir. Depuis 1973, elle est tous les quatre ans le lieu du plus incroyable rassemblement de bateaux que l'on puisse imaginer. Des milliers d'embarcations, de la périssoire jusqu'au plus grand yacht, assistent au départ, fin septembre, de la Course à la voile autour du monde sponsorée par une grande marque de bière : une vingtaine de voiliers s'élancent de Portsmouth pour cette folle course en quatre étapes, qui se termine, quelques mois plus tard, au même endroit. Ils ne font que renouveler pour le plaisir les

20 Cambridge Le « pont des Soupirs » sur la Cam

21-22-23 Cambridge King's College. St John's College

24 Woodstock (Oxfordshire) Le parc de Blenheim Palace

→ page 85

27|28

25-26 Oxford. Etudiants devant Radcliffe Camera, la salle de lecture de la bibliothèque Bodleian. All Souls College vu de St Mary's Church

27 Winchester (Hampshire). Nef de la cathédrale
28 Canterbury (Kent). Cloître de la cathédrale

29 à 34 Broadstairs. (Kent). Au festival Charles Dickens

29	31	
30	32	33
	34	

35 Brighton (Sussex). Un jour de tempête
36 Dover (Kent). La plage de galets
37-38 Beachy Head (Sussex). Les falaises

35 | 36 / 37 / 38 ▸

39 Méandres de la Cuckmere (Sussex)
40 Stonehenge (Whiltshire). Les mégalithes

41|42

41 Vers Westbury (Whiltshire). Le cheval blanc sculpté sur la colline
42 Cerne Abbas (Dorset). Le géant

43 La côte Sud (Dorset)
44 Les rochers de Bednethan Steps (Cornwall)

Z.44
BM111

45 *Le port de Brixham (Devon)*
46 *Land's End (Cornwall)*
47 *Le port de Looe (Cornwall)*

45|46
|47
48 ▸

48 *Plage de sable vers St Agnes (Cornwall)*

49-53 Au « Derby d'Epsom » (Surrey), la célèbre course de chevaux réunit chaque année de nombreux spectateurs qui viennent même en hélicoptère.

50
49 51
52 53

Have a good day
1952
1977
SILVER JUBILEE
HAVE FUN
12477
LONDON (SR)
Don't
FIPPCI Congress
NEW YORK CITY, U.S.A.
1974
apenny saved
WON'T BUY OWT
anyhow!
THE SWARM
is

54|55

54 Le Derby, une bonne occasion pour s'habiller « autrement »
55 La station thermale de Bath (Avon) est bien équipée pour recevoir les curistes

56|57|58

56-57 Bath. Les maisons qui entourent le Royal Circus et celles de Landsdown Road
58 Scarborough (North Yorkshire). Les locations de vacances

59 *Napton-on-the-Hill (Northamptonshire) d'où partent en croisière sur le canal les amateurs de tourisme fluvial*
60 *Une jolie maison de Stratford-upon-Avon (Warwickshire)*
61 *Le style « chaumière » vers Sidmouth (Devon)*
62 *Une rue de Robin Hood's Bay (Devon)*

59 / 60|61 | 62

CRAFTS
BOOKS

63 Derwentwater dans le parc national de Lake District (Cumbria)

64-65 Whitby (North Yorkshire), à l'embouchure de l'Esk, importante station balnéaire
66 Blackpool (Lancashire) sur la mer d'Irlande

◄ 63

64|65
64|66

67 La forteresse médiévale de Bamburgh (Northumberland) domine de cinquante mètres la mer du Nord
68 L'église de Eastoft (Humberside)
69 North Leverton (Notts), pays de l'énergie

70 Un mur peint à Manchester

67 | 68 / 69

CARBORUNDUM
E1000
cpc
Ford
Trucks
TEXACO
blue dart
SMITHS of ECCLES
INTERNATIONAL TRANSPORT
H & J Quick
PICKFORDS
WYNNS
Dual
carriageway
T. FORD

exploits de générations de marins de guerre et de commerce dont ce port fut la base. Splendide témoignage du courage et de l'esprit de conquête des mers, l'*HMS Victory*, navire amiral de Nelson, y est définitivement amarré. Ce vaisseau de 104 canons armé par un équipage de 850 hommes participa notamment à la victoire de Trafalgar contre la flotte franco-espagnole. Horatio Nelson, amiral, et grand héros britannique, devait y perdre la vie à l'âge de 47 ans en 1805.

La ville est toujours une base navale, la plus importante du pays comme le rappellent les marins en uniforme que l'on rencontre dans les rues. L'activité y est incessante. Les porte-avions croisent les ferries qui traversent la rade, ou partent en direction de l'île de Wight toute proche.

Les racines maritimes de Portsmouth remontent au XIIe siècle, époque à laquelle Jean sans Terre fit installer le premier dock. Récemment plusieurs bateaux de guerre basés à Portsmouth participèrent aux combats des îles Malouines : sa vocation de port de guerre est donc toujours bien réelle. Dans ses innombrables pubs, dont certains très anciens, la bière coule à flots, tandis que certains entonnent des chants de marins.

L'amiral Nelson, à quelques années près, aurait pu croiser le jeune fils d'un employé de l'arsenal qui allait devenir un auteur connu dans le monde entier : Charles Dickens. La maison où il naquit en 1812 existe toujours au 393 de Commercial Road. Son père vivant avec difficulté du port et des navires, Dickens en a peut-être été très tôt dégoûté. Il ne sera pas marin, mais clerc de notaire puis écrivain, acharné à décrire les malheurs de l'enfance qu'il a connus. Il reste à savoir si *Les Aventures de Mr. Picwick* sont encore très lues à l'extérieur du pays. Beaucoup les ont parcourues dans leur jeunesse, mais les reliraient-ils à l'âge adulte sans un certain ennui ? Le souvenir d'un autre écrivain hante les rues de Portsmouth, lui aussi mondialement apprécié, le père du célèbre détective Sherlock Holmes : Conan Doyle, qui exerça ses talents de médecin dans ce port une dizaine d'années durant, dans le quartier de Southsea.

La sortie de la rade de Portsmouth est étonnamment étroite. Pas de grandes digues, mais des petites maisons avec terrasse, dont les propriétaires peuvent regarder passer les bateaux de guerre à quelques dizaines de mètres de leur chaise longue. En passant, à droite, un large estuaire qui conduit jusqu'à Southampton. Une des rares villes du monde à avoir vécu comme Le Havre ou New York au rythme des grands paquebots à passagers de l'Atlantique Nord. Il y a déjà hélas longtemps que le paquebot *France* ne remonte plus la rivière, même si ce port est toujours le premier du pays pour le transport des passagers. Les bombardements de la Seconde Guerre mondiale ont détruit une bonne partie de la ville qui a perdu son charme. Une catastrophe qui en rappelle d'autres. Celle qui se déroula lors du voyage inaugural du nouveau fleuron de la White Star Line est encore dans toutes les mémoires, comme les festivités qui marquèrent son appareillage de Southampton le 10 avril 1912. Dans la nuit du dimanche 14, vers 23 heures 40, le *Titanic* heurta un iceberg. Quelques heures plus tard 1 500 des 2 200 personnes embarquées à Southampton comprirent qu'elles ne reverraient jamais l'Angleterre, lorsqu'elles furent englouties avec le navire dans les eaux froides de l'Atlantique Nord. Dans ces moments tragiques, le flegme et l'élégance britanniques apparaissent dans tout leur éclat. Certains rescapés racontent que lorsque le *Titanic* disparut dans les flots, sur la mer plate et silencieuse d'une nuit sans vent, on entendait l'orchestre, réduit à huit de ses membres, impeccablement sanglés dans un uniforme bleu roi, jouer l'hymne anglican *Automn*. Dans ce terrible drame, la fierté du peuple britannique, ébranlée par la disparition d'un paquebot réputé insubmersible, fut confortée par les propos que certains journaux prêtèrent au commandant Edward J. Smith. Celui-ci aurait crié au dernier moment dans son porte-voix : « Soyez britanniques. » Une belle phrase qui contraste avec une autre version plus triste mais tout aussi martiale. Selon celle-ci, le « pacha » du bord se serait suicidé d'une balle dans la tête pour être sûr de ne pas survivre au naufrage du bateau... (Il est peu probable que l'épave du *Titanic* récemment localisée par 3 000 mètres de fond livre la vérité sur cet ultime comportement).

Ce drame de la mer n'empêcha pas la mise en service vingt-cinq ans plus tard de paquebots de plus en plus rapides.

Pouvant filer à 30 nœuds, ils mettaient New York à moins d'une semaine de Southampton puisqu'ils traversaient l'Atlantique en quatre jours et demi. Sur l'un d'eux, le *Queen Mary*, des photos nous montrent les grooms affectés à la promenade des chiens des passagers. La rapidité de la traversée était l'un des principaux arguments commerciaux avec le confort. Le succès des paquebots après la guerre 1939-1945 fut étonnant. Sur la ligne Southampton-New York avec les *Queen Elizabeth* et *Queen Mary* la Cunard fit ainsi des bénéfices qui atteignirent jusqu'à 50 millions de dollars de 1946 à 1949. Dès 1935 l'honorable parlementaire Harold Hales décida de mettre en jeu une pièce montée tout en or. Elle représente Poséidon et Amphitrite, divinités grecques de la mer, soutenant un globe entouré d'un ruban bleu au sommet duquel deux silhouettes se disputent un paquebot. Ce trophée nommé « Ruban bleu » est toujours détenu par la compagnie américaine United States Line propriétaire du paquebot aujourd'hui désarmé *United States* qui fit la traversée New York-Bishop Rocks en trois jours dix heures et quarante minutes. Il fut le premier et le dernier navire américain à détenir le trophée. L'aviation commerciale ayant entraîné la disparition de ces géants des mers, Southampton doit désormais se contenter de recevoir des navires de croisière, des paquebots plus petits et des cars-ferries.

La principale compagnie de ferries, Townsend Thoresen, est basée à Southampton. Elle est norvégienne. Les Britanniques ont dû s'incliner. La plupart des officiers sont norvégiens tandis que le personnel hôtelier du bord est britannique. La supériorité maritime anglaise n'est plus ce qu'elle était.

Pour sortir de Southampton et rejoindre la mer, les navires doivent contourner l'île de Wight qui leur barre la route. Le bras de mer, qui sépare l'île de la terre, le Solent, est une zone privilégiée pour le yachting. Cowes, le petit port placé à la pointe nord de cette île en forme de losange, est fréquenté chaque été par des bateaux de plaisance et de course dont certains viennent du monde entier. Son club de voile, le Royal Yacht Squadron, est l'un des plus fermés de Grande-Bretagne. C'est lui qui organise la série de régates internationales nommée « Semaine de Cowes » pendant laquelle ont lieu les courses de l'Admiral's Cup, sorte de championnat du monde des voiliers monocoques. Une véritable forêt de voiliers encombre le Solent, pourtant large de plusieurs kilomètres, attendant le départ donné à terre par des officiers revêtus d'un pantalon et d'un blazer bleu marine.

Dès le XIXe siècle, les Britanniques prirent très au sérieux l'aimable passe-temps qu'est le yachting à voile, considérant que leur domination maritime devait s'exercer aussi dans le domaine de la plaisance. L'année 1851 fut sur ce point l'occasion d'une cruelle déception. L'Exposition universelle qui se déroulait cette année-là donna l'idée au Royal Yacht Squadron d'organiser de grandes régates, dont l'une devait se disputer en présence de la reine elle-même. Aux États-Unis des yachtmen groupés autour de John Cox Stevens, fondateur du New York Yacht Club, décidèrent d'y participer. Le 20 juin 1851, leur bateau, une goélette baptisée *America*, relia New York au Havre en dix-sept jours avec treize membres d'équipage. Le 22 août, le voilier américain s'élança avec 18 autres bateaux anglais au coup de canon donné de la terrasse du Royal Yacht Squadron pour faire le tour de l'île de Wight, il était 9 h 55. A la tombée du jour, un veilleur aperçut le concurrent de tête du haut du mât du yacht royal, le *Victoria and Albert*. La reine Victoria aussitôt prévenue sortit sur le pont. Le dialogue qui s'ensuivit est resté célèbre. « Les yachts sont-ils en vue ? » demanda la reine. « Oui, Votre Majesté », répondit le veilleur. « Quel est le premier ? » – *L'America*. « Et le second ? » – « Il n'y a pas de second, Votre Majesté ! » La victoire du voilier américain déclencha un véritable scandale qui remonta jusqu'au Parlement. On en parlait encore à Londres l'année suivante, puisque cette défaite de l'Empire fut évoquée par le colonel Peel dans une question à la Chambre des Communes en mars 1852 : « La victoire de l'*America* est une véritable humiliation nationale. Il faut désormais que tous ceux qui ont à cœur la gloire de l'Angleterre travaillent à reconquérir coûte que coûte les lauriers perdus ! » Jamais la Grande-Bretagne ne récupéra le vase d'argent, trophée de cette course désormais baptisée America Cup. Il resta enfermé dans la salle des trophées du New York Yacht Club malgré plusieurs dizaines de tentatives dans lesquelles des millions de dollars furent engloutis à chaque fois. Le 26 décembre 1983 les Américains perdaient l'America Cup, mais ce furent les Australiens qui l'emportèrent ! Au grand dam de l'homme d'affaires Peter Savary qui espérait être anobli par la reine Elisabeth s'il avait ramené le trophée dans son pays...

Au-delà de Cowes, et de ses voiliers, derrière Southampton et ses ferries, loin du rivage, une deuxième cathédrale illumine de sa magnificence la région du Hampshire, comme Canterbury le Kent. Cette église monumentale, dédiée aux saints Pierre et Paul et à la Trinité, se dresse dans la vallée de l'Ichen, au milieu d'une ville qui fut la première capitale de l'Angleterre : Winchester. A 19 km de Southampton, cette petite ville calme avec 30 000 habitants peut s'enorgueillir de posséder la plus grande église d'Europe : 170 m de long. Le terrain où elle s'élève étant marécageux, il a fallu couler du béton sous le chœur pour éviter que celui-ci ne s'enfonce.

Avec Bournemouth et Poole commence la côte du Dorset qui est une très belle partie du littoral britannique. Bournemouth, plage touristique depuis le début du XIXe siècle, possède le privilège d'avoir un musée qui sort vraiment des sentiers battus. Une des salles du Rothesay Museum ne compte pas moins de trois cents machines à écrire, des premiers modèles nés il y a plus de cent ans, au dernier engin entièrement électronique. Poole, la plus grande ville du Dorset, bénéficie de sa situation en bordure d'un site exceptionnel, l'un des plus grands ports naturels du monde. Poole Harbour, paradis de la voile, est aussi un havre de paix pour des milliers d'oiseaux. L'île de Brownsea et ses 220 hectares sont en effet la propriété du National Trust. Cette association fondée en 1895, forte de 650 000 membres, protège, en les achetant, beaucoup de sites menacés. Depuis 1965, elle a lancé une opération baptisée « Neptune » pour recenser et préserver tout point intéressant du littoral. Le Conservatoire du littoral français en est le timide équivalent. Outre sa richesse naturelle, le Dorset est connu pour avoir été le lieu de résidence de Thomas Edward Lawrence, connu sous le nom de Lawrence d'Arabie. Ecrivain et aventurier, il était devenu propriétaire, à la fin de sa courte vie, de Clouds Hill, « cottage » situé à une quinzaine de kilomètres de Dorchester. Après avoir fait ses études à Oxford, il se battit longuement contre les Turcs en défendant les intérêts britanniques et arabes. Lorsque ceux-ci divergèrent, il abandonna son grade d'officier et sa solde dans l'armée anglaise. Puis il s'engagea comme simple soldat sous un faux nom. Son œuvre la plus connue, *Les Sept Piliers de la sagesse*, publiée en 1926, lui a apporté une gloire qui ne l'intéressait pas. Il trouva la mort dans des circonstances mystérieuses sur une route proche de Dorchester au guidon d'une de ses motos. Non loin de sa maison, un autre musée peu orthodoxe où Lawrence travailla en 1923 : The Tank Museum : plus de 150 chars d'assaut et engins blindés de toutes nationalités y sont réunis. Lawrence lui-même est enterré sous un cèdre dans le cimetière de la petite église de Moreton. Le souvenir de Lawrence est aussi présent à Wareham, ville toute proche. Dans l'église St Martin tout d'abord où le sculpteur Eric Kennington l'a représenté dans sa tenue légendaire d'homme du désert. Dans le musée local enfin, où l'on peut voir de nombreuses lettres et photos ainsi que ses motos. Les admirateurs de cet homme aussi étrange que génial devront remonter jusqu'au nord de la baie de Cardigan, dans le Pays de Galles, pour voir sa maison natale à Tremadoc.

En dessous de Dorchester, le port de Weymouth est connu des spécialistes du nautisme. Chaque année il accueille une « Semaine de Vitesse », véritable concours Lépine nautique au cours de laquelle les engins les plus saugrenus tentent de battre des records de vitesse sur l'eau. Certains utilisent des bateaux ultralégers tirés par des cerfs-volants, tandis que d'autres préfèrent des planches à voile munies de voiles géantes. Près de Weymouth, la presqu'île de Portland et ses nombreuses carrières : elles ont permis de construire non seulement tous les bâtiments de la ville de Portland mais aussi de nombreux monuments comme la cathédrale St Paul ou le palais de Buckingham à Londres. Un cordon littoral formé de galets tombés des falaises relie Portland à Abbotsbury, sur une vingtaine de kilomètres vers l'ouest.

En continuant vers la sortie de la Manche, le long de la côte, impossible de ne pas s'arrêter à Plymouth. Le principal port du Devon, qui est aussi la deuxième base navale du pays après Portsmouth, est abrité au fond d'une immense et magnifique rade. Assis sur l'herbe au pied du phare rouge et blanc de Speaton qui domine la baie, on peut imaginer la stupeur des officiers qui participaient à une partie de boules avec sir Francis Drake en 1588. Informé du rassemblement menaçant de l'Invincible Armada, il décida de terminer la partie avant de prendre la mer pour la combattre. Comme beaucoup d'anecdotes historiques plus ou moins vérifiées, celle-ci peut être interprétée de plusieurs manières. La plus glorieuse nous incite à penser que, sûr de sa victoire, il affichait un calme et une sérénité très britanniques. Sans diminuer le flegme de ce grand marin, il est possible d'estimer que Drake attendait tout simplement la marée. Avec son courant descendant elle faciliait la sortie de son escadre. Drake n'est pas né à Plymouth mais à 24 km de là, à Tavistock. Quelques années avant sa victoire sur la flotte espagnole, il avait été le premier Anglais à faire le tour du monde à la voile, entre 1577 et 1580. C'est du même endroit que partit, près de trois cents ans plus tard, Francis Chichester pour un autre tour du monde à la voile mais en solitaire. Passionné de yachting, il fut anobli après cet exploit, mais il n'en continua pas moins de naviguer, en vieillissant. Il finira par décéder à l'hôpital naval de Plymouth après avoir dû abandonner dans la course en solitaire à la voile qui relie tous les quatre ans Plymouth au port américain de Newport. Cette course mythique fut créée par quelques amis à la suite d'un pari, au cours d'une soirée dans un pub de Plymouth. Son fondateur, le colonel Blondie Hasler, ancien héros de la Seconde Guerre mondiale, avait participé à un raid de sabotage en kayak contre une base de sous-marins allemands installée sur la côte française à Saint-Nazaire. Jusqu'à sa mort, Hasler fut au départ de la course à bord d'un drôle de petit bateau vert doté d'un gréement de jonque. Courue par cinq concurrents, lors de sa première édition en 1960, l'épreuve est devenue aujourd'hui une grande classique à laquelle participent près d'une centaine de bateaux. C'est en remportant sa deuxième édition en 1964, que l'enseigne de vaisseau Eric Tabarly, le marin français actuellement le plus connu, se fit remarquer du grand public.

Le quartier ancien de Plymouth, le Barbican, a conservé le charme des ports d'autrefois avec ses ruelles et ses tavernes aux fenêtres à petits carreaux. Plymouth fut aussi la ville natale de l'amiral John Hawkins, le premier à pratiquer la traite des Noirs d'Afrique utilisés comme esclaves. C'est de Barbican que partit en 1620 le voilier *Mayflower* transportant les fameux *Pilgrim Fathers*, pour rejoindre les États-Unis, où ils fondèrent en Nouvelle-Angleterre une ville du même nom, première base européenne du Nouveau-Monde. Parmi les générations de marins qui ont fréquenté Plymouth, il ne faut pas oublier James Cook : fils de paysan, il débuta comme mousse. Commandant, il découvrira les îles qui portent son nom en Polynésie. Le 26 août 1768, il se lance à la découverte du Pacifique, à bord de l'*Endeavour*, un navire choisi par l'Amirauté qui lui en avait confié le commandement. En fait ce bateau n'était qu'un « vulgaire » trois-mâts-barque, destiné au transport du charbon dont le nom précédent était *Earl of Pembroke*. Ce bateau de 366 tonneaux mesurait 32 mètres de long sur moins de 9 de large. Prévu pour transporter, outre sa cargaison, quinze hommes d'équipage, il fut réaménagé pour embarquer les 94 membres de l'expédition ! Son fond plat et ses formes ventrues ne lui permettaient pas de dépasser 8 nœuds, ce qui est la vitesse moyenne d'un petit bateau de plaisance moderne. Il est facile d'imaginer l'incroyable capharnaüm qui devait régner à bord jusqu'au retour le 10 juillet 1771. La cambuse du bord était chargée de pas moins de 17 tonnes de biscuits, 5 000 litres de bière, 2 000 litres de vinaigre entre autres vivres. Il faut absolument lire le récit des aventures incroyables qui émaillèrent ce voyage au bout de la terre, au cours duquel Cook et les scientifiques qui l'accompagnaient reconnurent les côtes de la Nouvelle-Zélande et de l'Australie. Si Cook explora les mers chaudes, un autre explorateur britannique venu de Plymouth s'illustra dans l'Antarctique avant d'y mourir en 1912 : Robert Scott.

→ page 105

71

PAYS DE GALLES

71 Le phare de l'île d'Anglesey (Gwynedd)

72-73 Deux des plus beaux châteaux du Pays de Galles : Caernarfon et Conwy (Gwynedd)
74 Tal-y-Cafn. Les jardins de Bodnant (Gwynedd)

72|73/74

75|76
77 ▶

75 Paysage du comté de Gwynedd
76 St Brides Bay (Dyfed)

77 Conwy. L'entrée majestueuse du château par un pont suspendu

78-79 Verts paysages du Pays de Galles. Les prairies et le vieux cimetière de Nevern (Dyfed)

THE
Sun
WE ALL
THIS

80 | 83
81 | 82 | 84
85 ▶

80 à 84 Tenby (Dyfed), agréable ville de vacances sur la côte sud

85 Sous-bois fleuri de jacinthes sauvages dans le Dyfed

Toujours dans le Dorset mais vers l'intérieur, reliée à la mer par un canal de 8 km, Exeter est une étape indispensable dans la route des cathédrales commencée à Canterbury. Celle d'Exeter se distingue au premier coup d'œil par les deux grandes tours normandes qui encadrent sa façade tout en pierre grise, comme le reste de l'église. Commencée dans le style roman, elle fut terminée peu avant 1400 en gothique. Avec un peu de chance on entendra peut-être sonner sous les nervures de ses voûtes le grand orgue qui date de 1665. Une autre cathédrale, un autre musée. Après les machines à écrire, les chars d'assaut, voici un musée maritime riche d'une centaine de bateaux. Il n'aurait rien de particulièrement attirant s'il n'était sur l'eau. Une centaine d'engins flottants divers sont présentés, de la gondole vénitienne au sampan chinois, en passant par un bateau de pêche portugais à la coque décorée de peintures diverses. L'été, certains d'entre eux naviguent même sur la rivière Exe au bord de laquelle ils sont accostés.

Occupée successivement par les Romains et les Saxons, Exeter opposa une farouche résistance aux cinq cents chevaliers de Guillaume le Conquérant qui mirent près de trois semaines à en venir à bout.

Avec la Cornouaille, voici la partie la plus méridionale de l'Angleterre. Les grosses agglomérations avec leur fracas, les zones industrielles, les grands ports sont loin. Les Britanniques se ruent chaque année dans cette région très protégée des pollutions du monde moderne. De nombreux hôtels ont été construits depuis l'arrivée du chemin de fer en 1863, véritable aubaine pour cette région trop éloignée des grands centres. Falmouth était le premier port de Grande-Bretagne. Après de longs mois de traversée, les voiliers y déposaient courrier et colis afin qu'ils parviennent avant eux à Londres. Cela fit la fortune du port de Falmouth. Aujourd'hui il n'y a plus guère que des bateaux de plaisance. En sortant de Falmouth, sur la gauche, on s'engage sur la péninsule du cap Lizard. Le phare qui en éclaire la pointe marque l'entrée de la Manche pour les bateaux qui longent les côtes anglaises. La réputation de ses habitants fut pendant longtemps très mauvaise : on les accusait à tort ou à raison (quelquefois) d'être des naufrageurs. Comme pour justifier ces craintes, il fallut attendre cinquante ans, entre le moment où la construction du premier phare fut décidée et sa mise en service en 1619. Cela parce que la population n'en voulait pas... Il ne dura pas longtemps. Les capitaines des navires fréquentant les ports de la région, très méfiants, refusaient de payer une taxe pour son entretien. En 1752, un nouveau phare apparaît, remplacé par un plus moderne soixante-dix ans plus tard. Les naufrages mystérieux ne sont plus que de mauvais souvenirs.

Dans Mount's Bay qui sépare Lizard de la pointe extrême de l'Angleterre, Land's End, face au port de Penzance : le mont St Michel. Oui, il n'y a pas que la France à disposer d'un tel monument. Sa version britannique, si elle est moins spectaculaire que l'original, n'en est pas moins tout à fait remarquable. Posé sur un rocher cet ensemble comprend notamment une église construite au XIVe siècle. Après avoir été baptisée Ictis par les Romains, l'île fut le siège d'une apparition de saint Michel devant les yeux étonnés des pêcheurs locaux. Des moines celtes, puis après la conquête du pays par Guillaume, des moines venus du mont Saint-Michel français s'établirent ici. Une voie submergée à marée haute relie le mont à la terre ferme. Les canons du fort situé près de l'église sont eux aussi français. Ils furent récupérés sur une frégate tricolore qui s'échoua en flammes pendant les guerres napoléoniennes.

À l'opposé de Penzance, tourné vers l'Atlantique, le petit port de St Ives est peut-être l'endroit le plus recherché du littoral de la Cornouaille. Envahi l'été, il est devenu la résidence de nombreux artistes.

La route des édifices religieux conduit les pas du pèlerin dans le Somerset. Les 8 500 habitants de Wells bénéficient de la plus petite et de l'une des plus belles cathédrales d'Angleterre. Sa façade ouest est particulièrement saisissante avec les trois cents statues médiévales qui la décorent. À l'intérieur, à gauche, juste après le transept nord, la salle du chapitre semble attendre depuis sa construction en 1300 le retour des chanoines qui possèdent dans cette pièce octogonale chacun leur siège de pierre. Avant de quitter le Somerset pour Bristol, le gastronome fait un crochet par Cheddar, patrie d'un des fromages britanniques, pour vérifier s'il est meilleur sur place que dans les magasins qui proclament tous que leur produit vient directement de cette région.

À Bristol, le calme rencontré dans le sud de l'Angleterre est loin. Nous sommes dans un port qui est aussi ville industrielle et commerciale. Les marchands en étaient autrefois les rois. C'est à la richesse de l'un d'eux que l'on doit l'église St Mary Redcliffe. Un édifice à propos duquel on rapporte une phrase de la reine Elisabeth : « La plus belle, la plus dure, et la plus célèbre d'Angleterre. » Une citation qui doit faire plaisir à William Caynges, le riche commerçant qui paya seul sa construction. La cathédrale de la ville peut en effet difficilement rivaliser avec St Mary Redcliffe.

Bristol fut à la pointe du progrès et le demeure. Le premier transatlantique à vapeur, le *Great Western*, sortit de ses chantiers en 1837 avant d'inaugurer un an plus tard le premier service transatlantique régulier. En 1841, la compagnie propriétaire du paquebot créait la première ligne importante de chemins de fer reliant Bristol à Londres. Récemment, Bristol a vu la construction du prototype britannique de l'avion supersonique Concorde. Enfin plusieurs centrales nucléaires ont été bâties dans ses environs. Jadis le trafic était fondé sur l'échange maritime des vins de Bordeaux contre la laine du Pays de Galles. Sa vocation s'affirme très tôt. Dès 1497, Giovanni Caboto, un Vénitien, avait découvert Terre-Neuve et le Labrador pour le compte du roi Henri VII.

La triste histoire de Thomas Chatterton est connue grâce à Alfred de Vigny qui en fit un drame sur le génie romantique seul et incompris. Chatterton, né à proximité de l'église St Mary Redcliffe, qu'il admirait, composa un recueil de poèmes qu'il attribua à un auteur imaginaire. Après avoir vainement tenté de se faire reconnaître, il se suicida à Londres en 1770 à l'âge de 18 ans.

L'élégance de Bath contraste avec la furie industrieuse de Bristol. Une légende raconte qu'un prince lépreux se trouva guéri en se plongeant dans l'eau boueuse des sources de Bath. À leur arrivée les Romains y établirent des bains vers 50 après Jésus-Christ, il en subsiste encore des éléments aujourd'hui. Au XVIIIe siècle, la ville devient la coqueluche de la cour et de la bonne société londonienne. Le musicien allemand Haendel, naturalisé anglais, y séjournera, comme le peintre William Turner. Plusieurs ensembles architecturaux de cette époque, restés intacts, donnent à cette ville un cachet très particulier. Parmi ceux-ci le Royal Crescent situé sur la rive droite de la rivière Avon qui traverse l'agglomération. Cet immense bâtiment en arc de cercle abrite derrière ses 114 colonnes une trentaine de maisons indépendantes. S'il n'y avait les voitures automobiles, en marchant sur l'immense pelouse qui fait face au Royal Crescent, on pourrait se croire revenu deux siècles plus tôt. Cette belle réalisation est due à l'architecte John Wood, comme le Royal Mineral Water Hospital et d'autres bâtiments de Bath. Wood, né dans le Yorkshire, tomba amoureux de ce site où il s'établit en 1728. Comme Deauville plus tard, Bath dut son développement rapide à la rencontre de quelques hommes fortunés et de bon goût. Ralph Allen s'installa à Bath en 1710, où il obtint du gouvernement royal l'autorisation de créer un service postal qui lui apporta la fortune. Il acheta ensuite des carrières dans la région et augmenta considérablement sa fortune lorsque la pierre tirée de ses propriétés servit à l'agrandissement de la ville par John Wood et son fils. Un gentleman du nom de Nash surnommé « le Beau », arrivé lui en 1704, entreprit par ailleurs d'animer la ville et de lui dicter un code de bonne convenance qui devint une règle non écrite pour les gens de goût attirés par le génial trio. Tout le monde se retrouvait pour de joyeuses festivités dans les *Assembly Rooms* construites entre 1769 et 1771 par Wood fils. Elles sont devenues, après restauration, un musée du Costume. Plusieurs hôtels de luxe accueillent aujourd'hui les estivants pendant le festival culturel qui se déroule chaque année. Le plus plaisant est sans conteste le Royal Crescent, installé dans le bâtiment du même nom.

LE PAYS DE GALLES

Franchir l'estuaire de la Severn, c'est quitter l'Angleterre pour entrer dans l'un des deux autres « pays » qui composent la Grande-Bretagne : le Pays de Galles. Après le grand pont suspendu qu'est le Severn Bridge, la première ville du Pays de Galles, Newport, n'a pas beaucoup d'attrait. En revanche, les pêcheurs en eau douce trouveront, dans la vallée de l'Usk, les truites et les saumons dont ils ont longuement rêvé.

D'un sport à l'autre, après la pêche, le rugby. Cardiff, capitale du Pays de Galles, est pour les adeptes du ballon ovale l'un des sanctuaires du rugby avec son stade de l'Armspark, situé près de la gare en bordure de la rivière Taft. Il faut avoir assisté au moins une fois à l'un des matches du Tournoi des Cinq Nations qui oppose chaque année le Pays de Galles, l'Ecosse, l'Angleterre, l'Irlande et la France pour comprendre cet engouement. Heureusement ce noble jeu a conservé le fair play qui l'anime depuis toujours, il n'a donc pas connu ni sur le terrain, ni dans les tribunes, les malheureux débordements qui donnent une si mauvaise réputation au football britannique. Notons que Rugby est une ville bien réelle où ce sport naquit en 1827. L'honnête homme ne sera pas moins comblé que le sportif, avec le remarquable *National Museum of Wales.* La France y est à l'honneur : plusieurs œuvres du sculpteur Rodin sont présentées dans le grand hall, tandis qu'une série de toiles impressionnistes sont accrochées au premier étage. Troisième centre d'intérêt de la ville, le château reconstruit il y a une centaine d'années, qui s'élève à mi-chemin entre le musée et le stade. Mais il est nettement moins intéressant que celui de Caerphilly (rival par sa surface de celui de Windsor) installé à dix kilomètres au nord de Cardiff.

En redescendant vers la côte, on traverse Barry, la plage qu'envahissent chaque week-end les habitants de Cardiff, puis Swansea qui a fait sa richesse, comme la capitale du Pays de Galles, grâce au charbon qui abonde dans cette région minière. Ici comme ailleurs, le pétrole menace la suprématie passée de la houille. C'est à Swansea que naquit le grand poète gallois moderne Dylan Thomas, mort en 1953. Après ces deux villes portuaires, industrielles et minières, la nature reprend ses droits dans la péninsule de Gower avec de très belles falaises et plusieurs demeures fortifiées. L'industrie à nouveau à Llanelly avec un énorme complexe sidérurgique de la British Steel Corporation.

Cette région du Pays de Galles fut l'un des piliers de la révolution industrielle qui permit à la Grande-Bretagne de dominer le monde à la fin du XIXe siècle. Une puissance telle que le Royaume-Uni ne produisait pas moins de la moitié du charbon, du minerai de fer et de la fonte utilisés dans le monde vers 1870.

Loin du bruit, de la fureur et des fumées noires, le souvenir magique de l'enchanteur Merlin plane sur Carmarthen, où le maître à penser du roi Arthur serait né. A quelques miles de là, l'ambiance du village de Laugharne correspond mieux que celle de sa ville natale à la lecture des poésies de Dylan Thomas, qui avait choisi d'y installer Boat House, sa maison. Le petit musée n'est ouvert que pendant la belle saison, mais sa modeste tombe est toujours visible au cimetière. Viennent ensuite deux lieux touristiques très connus : la cité de Tenby avec ses remparts, et celle de Pembroke, qui fait face à Milford Haven, avec l'un des plus beaux châteaux du Pays de Galles construit au XIIIe siècle et restauré dans les années trente.

Petit point sur une carte, le village de St David est au cœur d'une zone naturelle, classée « parc national ». Bien avant de se voir ainsi distinguée par les défenseurs de l'environnement, cette agglomération était chère au cœur de tous les Gallois. La cathédrale bâtie à l'initiative d'un évêque normand abrite la châsse de saint David, patron du Pays de Galles. On se souviendra du plafond de la nef, en bois sculpté.

L'île d'Anglesey est reliée au continent par un pont suspendu, Menai Bridge ; peu de raisons de le franchir, sauf si l'on s'embarque pour l'Irlande par le port de Holyhead. Sur cette même île, la gare dont la photo paraît régulièrement dans la presse : Llanfair pg. Nom abrégé de l'ancienne Llanfaitpwll, dont le nom a été rallongé jusqu'à devenir l'imprononçable « Llanfairpwllgwyllgogerychwyrndrobwllllantysiliogogogoch », ce qui signifie en gallois : « la petite chapelle au sommet de la colline ».

Sur le continent, deux châteaux imposants. Celui de Caernavon d'abord, où naquit le premier prince de Galles, Edouard II. Dans ce même château, terminé au XIVe siècle, le prince Charles (mari de « Lady D. ») est devenu lui aussi prince de Galles à la fin des années soixante. Plus de sept cents ans d'histoire animent ces respectables vieilles pierres, qui rivalisent avec celles du château de Conway, plus éclatant.

Chester a gardé son aspect médiéval grâce à ses remparts et à ses maisons à colombages. Une vieille ville originale entoure une autre cathédrale, en grès rouge cette fois. Derrière cette énumération un peu sèche se cache la nature, l'un des principaux attraits de cette région. On le constate en escaladant le point le plus élevé du Pays de Galles, grâce au chemin de fer à crémaillère qui permet d'atteindre le sommet du mont Snowdon (1 080 m).

Liverpool n'est pas seulement la patrie du célèbre groupe de chanteurs britanniques des *Beatles*, c'est aussi le deuxième port de Grande-Bretagne, juste après Southampton. Après avoir pris son essor grâce à la traite des Noirs, la ville a étendu ses docks, qui n'en finissent pas, le long de l'estuaire de la Mersey. De nombreuses lignes maritimes, hier de passagers, aujourd'hui de marchandises, la relient aux États-Unis et au monde entier. Les 700 000 habitants de cette énorme agglomération un peu triste ont deux cathédrales modernes, une catholique, l'autre anglicane, et trois musées : le plus riche est le *Walker Art Gallery* avec une collection de Gainsborough, Reynolds et Hogarth, le *Merseyside County Museum,* plutôt consacré aux objets, et enfin la *Sudley Art Gallery,* proche de l'Université.

Le triangle industriel formé par Liverpool, Sheffield et Leeds coupe la Grande-Bretagne en deux. Ces grandes villes n'offrent que peu de choses au visiteur. Celui qui ne s'est pas encore réveillé de l'interminable hallucination qu'est la lecture des *Hauts de Hurlevent* sortira de Leeds vers Bradford qu'il traversera. A six kilomètres, il trouvera la maison natale de la famille Brontë. Auparavant il aura cherché dans la région de Manchester le village de Haworth. Les sœurs Brontë y vécurent avec leur père qui était pasteur. Le presbytère où Charlotte écrivit *Jane Eyre* et Emily, *Les Hauts de Hurlevent* est toujours là. Le caveau familial est dans l'église.

Il faudrait être vraiment curieux pour avoir le courage de filer de Bradford vers Blackpool, station balnéaire, située au bord de la mer d'Irlande, pour découvrir une réplique de la tour Eiffel, haute de 150 m, dont parlent certaines brochures touristiques. Mieux vaut tourner les talons et ne pas franchir trop vite la cinquantaine de kilomètres qui nous séparent de York Minster, la merveilleuse cathédrale qui écrase de son prestige les Midlands. Il faudrait tout décrire, ne rien oublier des somptueux vitraux sauvés de la guerre, des plafonds et de la voûte en bois, parler de son trésor. Ce serait bien vain. S'il est un voyage qui s'impose à l'occasion de vacances londoniennes, c'est bien celui-là, particulièrement lors des représentations de mystères de l'époque moyenâgeuse qui ont lieu tous les trois ans.

Après avoir fait une promenade sur l'Ouse River qui coupe la ville en deux, il reste à marcher dans les rues, à revivre l'histoire des chemins de fer britanniques grâce au *National Railway Museum,* à suivre les remparts dont l'origine remonte à l'occupation romaine.

Au-dessus de York, sur le bord de la mer du Nord, Scarborough vit de ses deux plages séparées par un château situé sur un promontoire. Dans le cimetière : la tombe d'Anne Brontë. Sur la route de l'Ecosse, une halte à Durham, l'une des rares cathédrales à avoir servi de prison.

La Chine a son mur, il est très connu. L'Angleterre aussi, il l'est moins. Ce mur, en grande partie en ruine, fut un travail de Romains (dans tous les sens du terme), long de plus de 100 km, il servait à surveiller les envahisseurs descendus de l'Ecosse. Le mur d'Hadrien porte le nom de l'empereur qui le fit construire au début de notre ère. La meilleure manière, pour ne pas dire la seule, de le découvrir est l'avion, en suivant une ligne qui court en gros de Newcastle (côté mer du Nord) à Carlisle (côté mer d'Irlande). Cette construction ne suffira pas toujours à contenir les incursions des Calédoniens (nom romain des Ecossais), mais elle marque la limite de l'expansion romaine.

ECOSSE

86-87-88 Edinbu (Lothia capitale l'Ecoss Princes Street, tours, clochers château au solei couchar

89 Pont su Firth of Forth

8
87 | 8
88

→ page 145

ROYAL BRITISH H

8 BENNETS BAR 8
IN BOTTLE
A. USHER & Co
O.V.G.
JEFFREY'S
LAGER BEER
JEFFREY'S
LAGER BEER
BERNARD'S
MILD & PALE ALES

WHITE HART INN

90|92|93
91|
94 ►

90 à 93 Les « pubs » d'Edinburgh

94 Glasgow (Strathclyde). Le passage des « bus » devant la gare

Springboig
10
Strathclyde
Transport

TOUGHER THAN MRST.
Lois
JEANS WITH BULLS.
Strathclyde Transport
51

95 Petite rivière descendant des Grampian Mountains

96 Elevage et cultures du comté de Grampian

97 à 100. Anciennes demeures d'Edinburgh, Tain et St Andrews
101 Maison isolée sur la côte (Highland)

95|96
97 |100 ▶
98|99|101

LICENSED
RESTAURANT
ROSS
FOOD SPECIALIST

102-103 Première neige dans le Grampian

OLD COURSE

104 Le golf de St Andrew (Fife). 105 L'arrivée d'un couple de fermiers à la foire de Kilmacolm (Strathclyde)
106 Le joueur de cornemuse
107 Appareil servant à l'échantillonnage des alcools dans une distillerie (Central)

104	106
105	107

108 Cawdor Castle (Highland)
109 Crathes Castle (Grampian). Les jardins
110 Craigievar Castle, château typique du style « baronnial » du XVIIe s.

108/109 | 110

111 Eilean Donan Castle, sur le Loch Alsh (Highland)

112 Tantallon Castle, aujourd'hui en ruine (Lothian)
113 Huquhart Castle surplombe le Loch Ness (Highland)

◂ 111
112|113

114|115

114 Ciel et mer dans le comté de Fyfe
115 Loch Torridon, sur la côte ouest (Highland)

116 | 117
118 | 119

116 Easdale (Strathclyde). La récupération de l'eau de pluie
117 Auchindrain (Strathclyde). Intérieur écossais présenté dans le musée
118 Crail (Fife). Jardinets devant les habitations
119 Anstruther. (Fife). Protection des enfants dans la rue

120 | 122
121 |
123 ▶

120 Le phare de Port Glasgow (Strathclyde)
121 North Berwick (Lothian). Les maisons sur le port
122 Au fil de l'eau

123 Tempête sur la mer du Nord, vers Dunbar (Lothian)

24|125
126 ▸

124-125 Brouillard et neige vers Dufftown et sur le port d'Aberdeen (Grampian)

126 Les falaises de l'île de Raasay vues de l'île de Skye

L'ECOSSE

L'Ecosse et ses centaines d'îles, son whisky, ses moutons et leur laine, ses Ecossais, leur « jupe » et leur cornemuse (version locale du biniou breton), le troisième « pays » de Grande-Bretagne dont la longue histoire n'est qu'une succession de farouches batailles contre l'Anglais devant lequel il a dû finir par plier, est peut-être le plus chargé de mythes, pour les étrangers, les continentaux que nous sommes. Comme le renard de la chasse, beaucoup en parlent mais peu l'ont vu. Cachée dans la moindre anfractuosité de sa côte découpée, l'Ecosse émiettée est insaisissable. Edinburgh, la principale ville, est aussi capitale de l'Ecosse. Deux des écrivains écossais les plus connus y sont nés. Walter Scott, l'auteur d'*Ivanhoé* (en 1771), Robert Louis Stevenson dont *L'Ile au trésor* fait toujours rêver les enfants. N'étant plus une capitale politique (les députés écossais siègent à Londres aux côtés de leurs collègues anglais, gallois et irlandais), Edinburgh est toujours une capitale culturelle. A la fin des vacances d'été, elle organise un festival international dont le programme touche toutes les formes de l'art. De plus, si Paris a le Louvre, Edinburgh possède la *National Gallery of Scotland*, musée d'importance européenne.

Du Tintoret à Gauguin en passant par un admirable autoportrait de Rembrandt, il faut passer des jours entiers dans cette National Gallery qu'on ne se lassera pas de visiter à chaque voyage. Ces collections éclipsent un peu celles des autres musées de la ville : *Scottish National Portrait Gallery, Scottish National Gallery of Modern Art,* etc. Les hommes célèbres sont honorés à Edinburgh : sir Walter Scott par le Scott Memorial, d'inspiration gothique, près de la *National Gallery,* mais aussi Robert Burns sur Regend Road, Nelson sur Carlton Hill, l'homme politique Melville à St Andrews Square. Lauriston Castle, aux portes d'Edimburgh, a vu naître l'homme d'affaires John Law. Ayant abusé de la planche à billets qu'il avait créée en France, avec l'accord du Régent, il sombra dans la faillite en 1720 et mourra ruiné loin de son pays natal.

Le château d'Edinburgh n'a rien de véritablement séduisant sinon la perspective qu'il offre sur la ville. Il a été le théâtre de quelques-uns des épisodes de la vie mouvementée et tragique de Marie Stuart. Veuve de François II, elle épouse son cousin Darnley qui est assassiné. Elle se remarie, mais ses ennemis annoncent avoir trouvé des lettres prouvant qu'elle a trempé dans le meurtre de son cousin. Les lords se révoltent, elle doit quitter le château, tente de se battre, puis se rend.

Près de la chapelle du château, une pièce d'artillerie renommée pour sa portée. En 1862, le canon éclata en tirant une salve en l'honneur du duc d'York, le futur Jacques VII d'Ecosse. Après un séjour dans la tour de Londres au XVIIIe siècle, elle fut ramenée dans le château à la demande de Walter Scott.

A l'opposé d'Edinburgh tourné vers la mer du Nord, Glasgow fait face à l'Atlantique. Avec son million d'habitants, la plus grande ville d'Ecosse n'est certainement pas la plus gracieuse. Une autre statue de Walter Scott, décidément très célébré, et une autre cathédrale gothique. Un autre musée avec un Giorgione qui eût fait rêver André Malraux et surtout quelques Rembrandt. A vingt kilomètres de là, l'explorateur David Livingstone naît dans une maison transformée en petit musée, avant d'aller se perdre au fond de l'Afrique où Stanley le retrouvera. Il mourra finalement en cherchant les sources du Nil. Etonnant destin. Postée à la sortie de l'échancrure profonde qu'est Firth of Clyde qui remonte dans les terres jusqu'à Glasgow, la montagneuse île d'Arran avec ses rudes pêcheurs. Derrière la péninsule de Kintyre, les îles d'Islay et de Jura. Près de Port Helen, l'un des ports d'Islay où accoste le ferry venu de Tarbet, plusieurs fabriques de whisky. De Port Askaig, l'autre port de l'île d'Islay, on rejoint Jura (jura veut dire « cerf » en norvégien) et les milliers de cerfs qui l'habitent.

De port Askaig, Colonsay, une autre île plus petite, est à deux heures et demie par bateau. Dans chacune de ces îles, quelques habitants vivent au rythme des saisons à l'écart des circuits touristiques traditionnels. En remontant vers le nord, ces îles sont nombreuses, fières et superbes, quelquefois difficilement accessibles.

Au nord-ouest de l'Ecosse dont elles sont séparées par le détroit de Minch, les îles Hébrides extérieures (Outer Hebrides). Lewis, la plus grande mesure près de 100 km de long. Dans sa partie sud, se fabrique le fameux *Harris tweed*. Skye est l'équivalent de Lewis pour les Hébrides intérieures (Inner Hebrides). La hauteur des montagnes qui occupent son centre atteint presque celle du mont Snowdon. A 80 km de là, le 16 avril 1746, le duc de Cumberland massacre les soldats du prince Charles-Edouard Stuart. Cette journée tragique se termine par l'extermination des blessés écossais. Nous sommes près d'Inverness au fond d'un firth qui donne sur la mer du Nord. L'horrible bataille de Culloden et sa sanglante conclusion resteront longtemps dans les esprits. Au XXe siècle, le cinéaste Kevin Bronlow tournera un film historique, proche du documentaire, rappelant ce combat sauvage. Au lendemain du désastre, le prince Stuart erre poursuivi par les patrouilles anglaises. Il est promis à une mort certaine lorsqu'il rencontre une jeune fille de 23 ans, Flora Mac Donald, qui, au péril de sa vie, l'aide à se réfugier sur l'île de Skye. La tombe de Flora se trouve dans le cimetière de Kilmuir où elle repose depuis sa mort en 1790. Malgré une importante récompense pour sa tête mise à prix, le prince parvient à échapper à toutes les recherches, caché par la population. Il quitte l'Ecosse en 1746 pour mourir à Rome en 1788.

Avec ses innombrables lochs, son relief très tourmenté, plusieurs sommets de plus de 1 000 mètres, l'Ecosse est un véritable labyrinthe. Les villes sont rares, Glasgow et Edinburgh mises à part, il ne reste que Dundee et Aberdeen. Dundee est un port de pêche, où la chasse à la baleine a été longtemps pratiquée. A quelques kilomètres, un musée situé dans le château de Broughty Ferry rappelle cette époque. La fabrication de la marmelade d'orange Dundee continue-t-elle sur place ? Sans doute, le Royaume-Uni continue en tout cas à regorger de ce produit qui accompagne inévitablement chaque breakfast. Aucun doute en revanche pour cette autre activité très particulière qu'est le golf. Plusieurs centaines de terrains répartis dans toute l'Ecosse attestent de la vigueur d'un sport créé il y a plus de trois cents ans ! Le *Spalding Golf Museum* en raconte l'histoire. A une vingtaine de kilomètres, en descendant la côte, St Andrews et ses 12 000 habitants passeraient inaperçus si la légende ne disait pas que le golf y est né. Difficile de le vérifier, mais cette petite commune propose quatre terrains aux amateurs. Il n'y a plus la moindre place dans ses rares hôtels lorsqu'une épreuve internationale s'y déroule.

Non loin de là, le Royal and Ancient Golf Club fondé au XVIIIe siècle est le plus vieux club du monde. Si St Andrews est connue des spécialistes du golf, Aberdeen est connue d'une autre catégorie de spécialistes : les techniciens de cette aventure moderne qu'est la recherche pétrolière off-shore. Le sort d'Aberdeen, de l'Ecosse et de la Grande-Bretagne elle-même a été modifié depuis le jour où l'exploitation des champs pétrolifères de la mer du Nord a commencé. La zone britannique représente presque la moitié de la partie estimée contenir de l'or noir en mer du Nord. Un trésor inespéré qui permet à la Grande-Bretagne d'envisager l'indépendance énergétique si elle sait utiliser à bon escient les gisements découverts et continuer les recherches. Un atout qui vient renforcer la puissance de la multinationale britannique BP (British Petroleum) issue de la vieille Anglo Persian Oil Company née au début du siècle. Le pétrole arrive désormais par pipe-line jusqu'à la côte écossaise à Cruden Bay, comme le gaz, à St Fergus. Aberdeen est une des principales bases arrière terrestres de cette nouvelle industrie. Les équilibres sociaux et économiques (hausse du prix des terrains et des loyers) en sont modifiés.

Nous sommes loin ici de l'Ecosse des châteaux hantés. Mais ces châteaux existent bel et bien. A commencer par celui de Balmoral (fermé au public) où la famille royale britannique vient se reposer de temps à autre. Situé à une cinquantaine de kilomètres d'Aberdeen, ce château a été construit au milieu du XIXe siècle, pour le plus grand plaisir de la reine Victoria qui y vint souvent. Il faudrait beaucoup de chance pour apercevoir cette royale famille lorsqu'elle assiste à l'office dans l'église de Crathie, le village proche de Balmoral. Tous les guides remarquent qu'un banc lui est spécialement réservé. Dans la même région un autre château, celui-là très visité, est représentatif du style « baronnial » qui caractérise de nombreux châteaux écossais : Craigievar Castle. La nécessité de la défense y cohabite harmonieusement avec les soucis esthétiques. Près du village de Braemar, un deuxième château, détruit par un incendie, et restauré au XVIIIe siècle, est ouvert pendant une partie de l'année. Braemar est l'une des rares stations de sports d'hiver de Grande-Bretagne. Si la vallée de la Dee est connue pour ses châteaux, la vallée de la Spey et ses environs sont réputés par leurs nombreuses distilleries de whisky. D'Aberdeen il faut prendre la route d'Elgin, autre château, vers le nord-ouest de l'Ecosse. A Keith, prendre à gauche vers Dufftown. Dans cette petite bourgade née au début du XIXe siècle, un fort bon whisky est fabriqué à la distillerie Glenfiddich. Pourquoi parler de celle-ci plutôt que des dizaines d'autres qui l'entourent ? Simplement pour le souvenir de son étiquette aperçue sur une bouteille de ce précieux liquide. Descendant inévitablement poussé par la curiosité vers le Loch Ness, inutile de chercher le château de Macbeth à Inverness, il a été détruit depuis longtemps. Il ne vaut guère mieux chercher à photographier le monstre, ou prétendu tel, censé habiter le Loch Ness. De très sérieuses études tendent à montrer qu'il n'a jamais existé. Le site est quand même empreint d'une beauté sauvage, qui explique le fait que certaines imaginations se soient un peu trop vite enflammées. Fort Augustus, un nom qui fleure bon le Far West et les westerns : en fait, ce village marque l'extrémité du Loch Ness. Augustus, n'est que le nom du duc de Cumberland, cruel vainqueur de Culloden.

Longeant le Loch Ness sur la rive gauche, la route monte jusqu'au port, le plus septentrional de l'Ecosse : Duncanny Head. Impossible d'aller plus loin, c'est la fin des terres, un point aussi éloigné ou mythique que Zanzibar ou Tamanrasset. De là un choix s'impose : faire demi-tour et redescendre vers le sud, pour voir ce que l'on a oublié en montant. Deuxième solution : continuer ce voyage insensé vers les îles Orkney relativement proches, ou même les Shetland, lointaines mais toujours britanniques. Il est possible de joindre Mainland, la principale de ces nombreuses îles (nommées par les Français quand ils connaissent leur existence : Orcades) par deux ports : Stromness si l'on vient par Thurso, ou Kirkwall via Aberdeen. Stromness et Kirkwall sont quasiment les seules villes de l'archipel. Dans ce bout du monde, on trouvera encore un saisissant exemple de la foi mystique qui a conduit les hommes à édifier des cathédrales. St Magnus, si elle est l'une des cathédrales plus au nord que l'on puisse jamais voir, n'est pas la moins belle. Un autre témoignage de l'existence de l'homme sur cette île se trouve sur le site de Brogar. A cet endroit, un cercle de pierres, mystérieusement encore debout pour certaines, nous parle du passé lointain sans que nous puissions vraiment comprendre ce message. Il y a deux mille cinq cents ans, des humains vivaient déjà dans ces îles désolées. Plus récemment, pendant les deux guerres mondiales, la rade de Scapa a été un enjeu pour les flottes de guerre britannique et allemande. Ces îles ne sont pas si loin que la technologie ne puisse les atteindre : un pipe-line sous-marin amène le pétrole de la mer du Nord jusqu'à Flotta.

A une heure du vol d'Aberdeen, les îles Shetland sont le point final du voyage. Vivant de la pêche, elles ont dépéri lentement avec la diminution du nombre de harengs en mer du Nord, ce qui a entraîné l'apparition de quotas de pêche pour les riverains, les Shetlands reçoivent aujourd'hui une transfusion d'or noir. Le plus grand terminal pétrolier d'Europe à Sullom Voe est la base avancée des champs pétrolifères, et l'île principale voit son aéroport embouteillé presque en permanence, et ses rares hôtels pris d'assaut. Bon ou mauvais, ce renouveau est brutal, mais il ne concerne que fort peu les autres îles de l'archipel. Tant pis ou tant mieux pour ceux, rares, qui auront la volonté d'aller les découvrir. Outre les harengs, les poneys ont fait la renommée des Shetlands. La vraie richesse de ces îles est naturelle, on peut y admirer beaucoup d'oiseaux grâce aux migrations qui se déroulent sous l'œil protecteur de la *Royal Society for Protection of Birds* née bien avant la mode de l'écologie.

COMMUNAUTÉ ET CONTRADICTIONS BRITANNIQUES

Après avoir parcouru quelques-uns des 230 000 kilomètres carrés de la Grande-Bretagne, des montagnes de l'Ecosse avec son littoral déchiqueté par ces fjords profonds que sont les lochs, jusqu'aux plaines tourmentées de l'Angleterre en passant par le relief intermédiaire du Pays de Galles, certains se demanderont si ces trois pays si dissemblables ont quelque chose de commun.

Au cours de leur longue histoire tumultueuse, le Gallois, l'Anglais et l'Ecossais se sont souvent affrontés. Chacun des trois sera désagréablement surpris, si au cours d'une conversation vous mélangez les termes en lui parlant : l'Ecossais n'est pas et ne sera jamais anglais. En fait, derrière ces particularismes réels, qui ne s'effacent pas, même dans les situations les plus graves, (pendant la guerre 1939-1945 on a pu voir les joueurs de cornemuse officier au milieu des combats dans les régiments écossais) se cache une identité et surtout des contraintes communes. La plus importante et la plus visible pour un regard extérieur est celle du climat. Dès que l'on parle du climat britannique, les plaisanteries commencent à fuser : « Il pleut tout le temps, ne lâchez pas votre parapluie ! »

Reconnaissons-le, l'humidité qui règne sur les Iles britanniques pendant une partie de l'année est bien réelle. Londres bénéficie (si l'on peut dire) de 150 jours de pluie par an. C'est finalement bien peu face aux plus de 250 jours de précipitations qui tombent sur certaine zones du nord-ouest de l'Ecosse. La pluie est un élément de la vie quotidienne britannique. Le langage a intégré cette donnée, il s'est fait précis pour désigner les différentes formes de précipitations : *drizzle* désignera une pluie fine, *sleet* une pluie de neige fondue, etc. L'esprit humain sollicité par ce facteur extérieur a trouvé une réponse fort pratique : l'imperméable. Cet accessoire indispensable aurait été inventé en 1820 par un dénommé Mackintosh, relayé dans les temps modernes par « Buberry's ».

Si l'on évoque le climat de ces îles, le *smog* est très rapidement brandi comme une menace pour le touriste inconscient qui risque ses bronches en quittant les souterrains protecteurs du *tube,* le métro londonien. *Smog,* le grand mot est lâché !

Cette forme de brouillard épais est censée permettre à Jack l'Eventreur de perpétrer ses crimes affreux sans aucun risque dans des rues lugubres où la visibilité est réduite, pour ne pas dire nulle. Combinée aux rejets des chauffages individuels au charbon qui agrémentaient chaque foyer un peu bourgeois il y a encore une vingtaine d'années, ce brouillard fit de réels dégâts. La forte charge de pollution qu'il contenait provoqua une « surmortalité » importante une première fois en 1952 : près de 4 000 personnes moururent en soixante-douze heures. Entendons-nous, il s'agissait de malades, de personnes âgées ou sensibles, mais le mal est bien réel. En 1962, lors d'une nouvelle poussée, il fit encore près de 750 victimes. Plus de vingt ans après, ce phénomène a été jugulé. Le chauffage électrique a fait son apparition, et le gouvernement a entrepris une vigoureuse campagne contre la pollution atmosphérique. L'électricité a permis à chacun d'installer dans sa cheminée un faux feu de bois qui rougeoit agréablement, sans dégager aucune fumée nocive. Le smog a définitivement rejoint ses victimes dans le cimetière des idées reçues.

Au moment de quitter la Grande-Bretagne, la tristesse serre le cœur. Pour se consoler, le simple souvenir de lectures passées permet d'emporter un peu de ce pays dans sa poche. De nombreux livres britanniques font partie du patrimoine de la littérature mondiale. Chacun d'eux contient une parcelle de ce pays attachant. D'une île fort peuplée à une autre déserte : c'est *Robinson Crusoé* de Daniel Defoe. L'un des premiers titres qui vient à l'esprit suivis par beaucoup d'autres qui se bousculent : *Les Voyages de Gulliver*, de Jonathan Swift, *Oliver Twist* et *David Copperfield*, de Charles Dickens, *Le Livre de la jungle*, de Rudyard Kipling, *Frankenstein*, de Mary Shelley, *La Guerre des mondes*, de H.G. Wells, *Le Portrait de Dorian Gray*, d'Oscar Wilde, *Alice au pays des merveilles*, de Lewis Carroll, *1984*, de George Orwell... sont les premiers d'une liste qui n'en finit pas. Mais le phare incontesté des lettres britanniques est sans aucune contestation possible William Shakespeare.

Stratford-upon-Avon qui a vu naître et mourir le génie du théâtre élisabethain reçoit chaque année plusieurs centaines de milliers de visiteurs. De cet homme qui a écrit un grand nombre de pièces on ne sait pratiquement rien. Aucune date de naissance précise ne nous est parvenue, mais il fut baptisé le 26 avril 1564 dans l'église paroissiale Holy Trinity Church. L'Angleterre traverse alors une période de grandeur grâce à Elisabeth Ire qui est au pouvoir depuis cinq ans. Le règne du dernier représentant de la dynastie des Tudor se terminera en 1603. Avec ses 1 500 habitants, Stratford n'est pas un village. C'est une commune importante située à une trentaine de kilomètres de l'actuelle Coventry.

Outre l'église qui n'a pas changé, de nombreux bâtiments ont traversé les siècles jusqu'à nous. La maison de John Shakespeare son père, dans Henley Street, contient des meubles de cette époque, un chaudron suspendu à une crémaillère pend dans la cheminée, c'est là que William naquit. Plusieurs portraits, des manuscrits, les premières éditions de ses œuvres y sont présentés. A cinq kilomètres, la ferme de sa mère Mary Arden n'a pas non plus changé. Lorsque Shakespeare se marie en 1582, le règne d'Elisabeth est près de son apogée. Pendant les années qui vont suivre elle va l'emporter sur Marie Stuart. Puis en 1588, elle voit avec soulagement ses navires vaincre l'Invincible Armada espagnole. Londres est déjà une grande ville de plusieurs centaines de milliers d'habitants. Comment et pourquoi le jeune William découvrit-il sa vocation avant de s'établir dans la capitale ? Nul ne le sait. A l'image d'une époque rude et violente, l'une de ses toutes premières pièces peu connue et très rarement jouée est pleine de brutalités : *Titus Andronicus.* Le célèbre écrivain britannique Anthony Burgess l'a résumée avec truculence : « Deux frères violent une jeune femme sur le cadavre

de son mari, puis lui coupent la langue et les deux mains... Le père de celle-ci se charge de la vengeance, laquelle comprend le meurtre des violeurs, la cuisson de leur chair sous forme d'un pâté, leurs os moulus servant de farine, et l'offre de ce plat à leur mère qui avait eu la mauvaise idée du double viol. » Nous sommes loin ici des chefs-d'œuvre qui suivront. Comédien et écrivain de théâtre, William n'a pas choisi la voie de la facilité. Le théâtre n'a pas encore vraiment droit de cité dans l'Angleterre élisabéthaine. On le tolère s'il n'est pas la source de troubles. Les troupes professionnelles londoniennes se comptent sur les doigts d'une seule main. Les salles inconfortables sont souvent des cours d'auberge. Les trois théâtres de la ville sont éclairés à la bougie. Il faut souvent interrompre le déroulement de la pièce pour les renouveler, les risques d'incendie sont énormes. En 1599, les frères Burebage font construire avec les éléments d'une autre salle démontée le célèbre théâtre du Globe, une grande batisse octogonale tout en bois, avec un toit de chaume.
Le 29 juin 1613, le feu consume ce temple shakespearien, et ce sera la fin de la carrière de son principal animateur qui quitte Londres l'année suivante pour se retirer dans sa ville natale où il meurt, dans une maison aujourd'hui détruite. Il laisse au monde une œuvre incroyablement riche qu'il faudrait écouter ou lire en « version originale ». Que ceux qui ne comprennent pas suffisamment l'anglais pour se le permettre se consolent. Les textes disponibles ne sont sans doute pas exacts au mot près. A cette époque, si les auteurs et les compagnies se respectent mutuellement, les imprimeurs, eux, n'hésitent pas à diffuser des textes pirates recopiés discrètement par des auditeurs peu scrupuleux. Si l'on regarde la couverture d'une des éditions « autorisées », celle de 1623 par exemple, la mention « Publié selon les vrais textes originaux » (*Published according to the true original copies*) rend compte de ce phénomène banal. Pour tout compliquer, certains chercheurs contestent même à Shakespeare la paternité de son œuvre, la trouvant trop élevée par rapport à l'éducation que celui-ci aurait reçue. A part sa tombe, quelle trace visible et incontestable reste-t-il de Shakespeare ? Rejetant les nombreux portraits et même le buste placé dans l'église

paroissiale de Strafford-upon-Avon, les spécialistes ne se sont accordés que sur une seule « image » : le portrait exécuté par Chandos qui est présenté à la National Portrait Gallery. Nous y voyons le visage mystérieux d'un homme au regard intelligent, avec une barbe et un front dégarni. C'est là qu'il faut chercher à saisir le reflet de la géniale inspiration qui sous-tend cette œuvre imposante. Le lecteur français lit généralement une traduction due au fils cadet de Victor Hugo. A l'occasion d'un séjour en prison (à la Conciergerie) François-Victor apprend l'anglais. Ayant rejoint son père en exil à Jersey, il entreprend ce travail qui fait encore autorité.

Sur sa tombe et dans les rues aux maisons de style Tudor de Stratford, dans ce visage impénétrable de la National Portrait Gallery se trouve peut-être l'essence d'un pays riche de sa diversité et de ses contradictions somptueusement décrites dans les pièces de Shakespeare qui nous parlent mieux de la Grande-Bretagne et de ses habitants que tous les voyages et tous les livres.

Gilles Klein

SHETLAND ISLANDS
ORKNEY ISLANDS
HEBRIDES ISLANDS
HIGHLAND
Tain
Loch Torridon
N-W HIGHLAND
Inverness
ISLE OF SKYE
Loch Ness
Glen More
GRAMPIAN
SCOTLAND
Aberdeen
Braemer
Balmoral
GRAMPIAN MOUNTAINS
NORTH SEA
Loch Tay
Perth
Dundee
St Andrews
Crail
TAYSIDE
FIRTH OF FORTH
Loch Lomond
North Berwick
Dunbar
Port Glasgow
CENTRAL
Edinburg
Glasgow
LOTHIAN
Tyne
FIRTH OF CLYDE
STRATHCLYDE
CHEVIOT HILLS
FORTH
Bamburgh
SOUTHERN UPLANDS
Tweed
BORDERS
DUMFRIES & GALLOWAY
Clyde
Dumfries
Newcastle
Hadrian's Wall
Sunderland

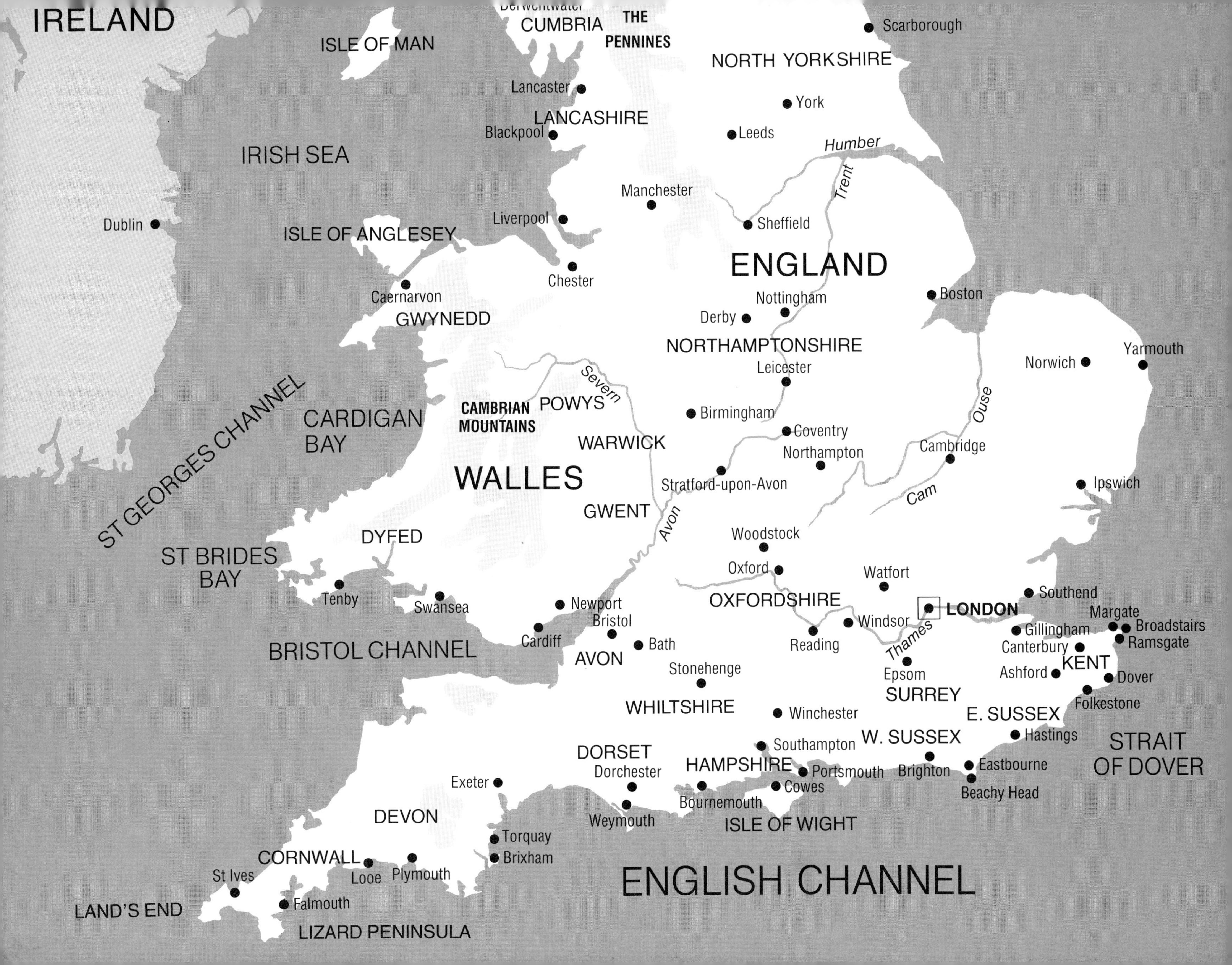
IRELAND
ISLE OF MAN
CUMBRIA
THE PENNINES
Scarborough
NORTH YORKSHIRE
Lancaster
York
LANCASHIRE
Blackpool
Leeds
Humber
IRISH SEA
Trent
Manchester
Dublin
Liverpool
Sheffield
ISLE OF ANGLESEY
ENGLAND
Chester
Caernarvon
Boston
Nottingham
Derby
GWYNEDD
NORTHAMPTONSHIRE
Norwich
Yarmouth
Leicester
Severn
CARDIGAN BAY
CAMBRIAN MOUNTAINS
POWYS
Birmingham
Ouse
ST GEORGES CHANNEL
Coventry
WARWICK
Northampton
Cambridge
WALLES
Stratford-upon-Avon
Ipswich
Cam
GWENT
Avon
DYFED
Woodstock
ST BRIDES BAY
Oxford
Watfort
Tenby
Swansea
Newport
OXFORDSHIRE
Southend
LONDON
Bristol
Windsor
Margate
Gillingham
Broadstairs
Cardiff
Bath
Reading
Canterbury
Ramsgate
BRISTOL CHANNEL
AVON
Thames
KENT
Stonehenge
Epsom
Ashford
Dover
SURREY
Folkestone
WHILTSHIRE
Winchester
E. SUSSEX
Southampton
W. SUSSEX
Hastings
STRAIT OF DOVER
DORSET
HAMPSHIRE
Portsmouth
Brighton
Eastbourne
Dorchester
Exeter
Cowes
Beachy Head
Bournemouth
DEVON
Weymouth
ISLE OF WIGHT
Torquay
Brixham
CORNWALL
St Ives
Looe
Plymouth
ENGLISH CHANNEL
Falmouth
LAND'S END
LIZARD PENINSULA

Table des illustrations

PAYS DE GALLES

71 Le phare de l'île d'Anglesey (Gwynedd)

72-73 Deux des plus beaux châteaux du Pays de Galles : Caernarfon et Conwy (Gwynedd)

74 Tal-y-Cafn. Les jardins de Bodnant (Gwynedd)

75 Paysage du comté de Gwynedd

76 St Brides Bay (Dyfed)

77 Conwy. L'entrée majestueuse du château par un pont suspendu

78-79 Verts paysages du Pays de Galles. Les prairies et le vieux cimetière de Nevern (Dyfed)

80 à 84 Tenby (Dyfed), agréable ville de vacances sur la côte sud

85 Sous-bois fleuri de jacinthes sauvages dans le Dyfed

ECOSSE

86-87-88 Edinburgh (Lothian), capitale de l'Ecosse. Princes Street, tours, clochers et château au soleil couchant.

89 Pont sur le Firth of Forth

90 à 93 Les « pubs » d'Edinburgh

94 Glasgow (Strathclyde). Le passage des « bus » devant la gare

95 Petite rivière descendant des Grampian Mountains

96 Elevage et cultures du comté de Grampian

97 à 100 Anciennes demeures d'Edinburgh, Tain et St Andrews

101 Maison isolée sur la côte (Highland)

102-103 Première neige dans le Grampian

104 Le golf de St Andrew (Fife). 105 L'arrivée d'un couple de fermiers à la foire de Kilmacolm (Strathclyde)

106 Le joueur de cornemuse

107 Appareil servant à l'échantillonnage des alcools dans une distillerie (Central)

108 Cawdor Castle (Highland)

109 Crathes Castle (Grampian). Les jardins

110 Craigievar Castle, château typique du style « baronnial » du XVIIe s.

111 Eilean Donan Castle, sur le Loch Alsh (Highland)

112 Tantallon Castle, aujourd'hui en ruine (Lothian)

113 Huquhart Castle surplombe le Loch Ness (Highland)

114 Ciel et mer dans le comté de Fyfe

115 Loch Torridon, sur la côte ouest (Highland)

116 Easdale (Strathclyde). La récupération de l'eau de pluie

117 Auchindrain (Strathclyde). Intérieur écossais présenté dans le musée

118 Crail (Fife). Jardinets devant les habitations

119 Anstruther. (Fife). Protection des enfants dans la rue

120 Le phare de Port Glasgow (Strathclyde)

121 North Berwick (Lothian). Les maisons sur le port

122 Au fil de l'eau

123 Tempête sur la mer du Nord, vers Dunbar (Lothian)

124-125 Brouillard et neige vers Dufftown et le port d'Aberdeen (Grampian)

126 Les falaises de l'île de Raasay vues de l'île de Skye

En couverture : Horseguard et Craigievar Castle

Angleterre
Ecosse
Pays de Galles
a été réalisé
par les
éditions sun
à Paris

Exclusivité Vilo

Photogravure
S.N.O.

Photocomposition
SEP 2000

S.N. Imprimerie
Moderne du Lion

Impression
sur papier couché
demi-mat
des papeteries
Pronoïa

Reliure :
S.I.R.C.

achevé d'imprimer
le 30 octobre 1985
pour le compte des
éditions sun
paris

ISBN 2-7191-0249-2
ISSN 0291 9133